EDUCAÇÃO OLÍMPICA E RESPONSABILIDADE SOCIAL

Coleção dirigida por Katia Rubio

EDUCAÇÃO OLÍMPICA E RESPONSABILIDADE SOCIAL

© 2007 Casa do Psicólogo Livraria e Editora Ltda.
É proibida a reprodução total ou parcial desta publicação, para qualquer finalidade, sem autorização por escrito dos editores.

1ª edição
2007

Editores
*Ingo Bernd Güntert
e Christiane Gradvohl Colas*

Assistente Editorial
Aparecida Ferraz da Silva

Capa
Ana Karina Rodrigues Caetano

Editoração Eletrônica
Marcos Nishida

Revisão
Christiane Gradvohl Colas

Dados Internacionais de Catalogação na Publicação (CIP)
(Câmara Brasileira do Livro, SP, Brasil)

Educação Olímpica e responsabilidade social / Kátia Rubio,(organizadora). — São Paulo : Casa do Psicólogo®, 2007. — (Coleção psicologia do esporte / dirigida por Kátia Rubio)

Bibliografia.
ISBN 978-85-7396-577-3

1. Educação 2. Esportes – Aspectos psicológicos 3. Psicologia social 4. Olímpiadas I. Rubio, Kátia. II. Série.

07-6723   CDD-796.01

Índices para catálogo sistemático:

1. Educação olímpica e responsabilidade social:
Psicologia do esporte   796.01

Impresso no Brasil
Printed in Brazil

Reservados todos os direitos de publicação em língua portuguesa à

Casa Psi Livraria, Editora e Gráfica Ltda.
Rua Santo Antonio, 1010 Jardim México 13253-400 Itatiba/SP Brasil
Tel.: (11) 45246997   Site: www.casadopsicologo.com.br

All Books Casa do Psicólogo®
Rua Simão Álvares, 1020   Vila Madalena   05417-020   São Paulo/SP   Brasil
Tel.: (11) 3034.3600   E-mail: casadopsicologo@casadopsicologo.com.br

Agradecimentos

Nenhuma obra se constrói sem o apoio direto ou indireto de muitas pessoas e instituições. Sempre que nomeamos alguns corremos o risco de ser injustos e esquecer de vários, ainda assim melhor arriscar do que não fazer merecer o apoio recebido.

Começo pelo Secretário de Esporte Escolar do Ministério do Esporte, Júlio Filgueira, que com seu entusiasmo e disposição infindável para o trabalho nos proporcionou condições para a realização deste projeto.

Ao Fundo de Cultura e Extensão Universitária, da Pró-Reitoria de Cultura e Extensão da Universidade de São Paulo que acreditou nesse projeto e ofereceu parte dos recursos para sua publicação.

Aos membros do Centro de Estudos Socioculturais do Movimento Humano, do Departamento de Pedagogia do Movimento do Corpo Humano, da EEFE-USP, que não assinam nenhum dos capítulos desse livro, mas que em algum momento de nossa história participaram de nossas discussões e de alguma maneira contribuíram para esse produto. Fica aqui a minha gratidão pela presença em outros momentos e o desejo de outros encontros.

Katia Rubio

SUMÁRIO

PREFÁCIO 9

EDUCAR COM RESPONSABILIDADE: UM DISCURSO OLÍMPICO 11

EDUCAÇÃO OLÍMPICA: CONCEITO E MODELOS 13

A INFLUÊNCIA DAS MANIFESTAÇÕES ATLÉTICAS
NA EDUCAÇÃO DA ANTIGUIDADE 29

ARETÉ E FAIR PLAY: PELA PEDAGOGIA DA MORAL OLÍMPICA 45

OLIMPISMO, EDUCAÇÃO E MEIO AMBIENTE 55

EDUCAÇÃO OLÍMPICA FORMAL, NÃO FORMAL E INFORMAL 71

ESPORTE, EDUCAÇÃO E EXERCÍCIO DA CIDADANIA 87

COMPROMISSO SOCIAL NA PRÁTICA 99

INICIAÇÃO ESPORTIVA E RESPONSABILIDADE SOCIAL 113

GÊNERO E PARTICIPAÇÃO OLÍMPICA 131

SOBRE AS ORIGENS DO ESPORTE MODERNO E DO OLIMPISMO 149

CONTRIBUIÇÕES DO JUDÔ À EDUCAÇÃO OLÍMPICA
E RESPONSABILIDADE SOCIAL 169

IMPLICAÇÕES IDEOLÓGICAS E GEOPOLÍTICAS
DO FENÔMENO ESPORTIVO NA CONTEMPORANEIDADE 191

PREFÁCIO

"A utopia está lá no horizonte. Me aproximo dois passos, ela se afasta dois passos. Caminho dez passos e o horizonte corre dez passos. Por mais que eu caminhe, jamais alcançarei. Para que serve a utopia? Serve para isso: para que eu não deixe de caminhar"

EDUARDO GALEANO

A abrangência do tema proposto por este livro, **Educação Olímpica e Responsabilidade Social**, é atual e oportuna. No próximo período o Brasil estará chamado a manifestar-se sobre o significado não somente da realização dos XV Jogos Pan-americanos e III Jogos Parapan-americanos Rio 2007, ou mesmo, das oportunidades que se apresentarão, mas certamente sobre o significado dos valores, dos rumos e do papel histórico que o Esporte assumirá em nosso País.

Coerente com esse chamado, buscar um projeto de Olimpismo que não negue a sua dimensão educativa e que preserve o sentido e os valores que o esporte desempenha é fundamental na determinação de iniciativas a serviço do desenvolvimento humano e nacional. "O esporte traz consigo, desde sua origem, possibilidades contraditórias em sua própria dinâmica, de forma que, na sua prática, é possível enfatizar situações que privilegiam a solidariedade sobre a rivalidade, o coletivo sobre o individual, a autonomia sobre a submissão, a cooperação sobre a desagregação, a perseverança sobre a desistência e, acima de tudo, a afirmar que sem o *outro* não há jogo". Tudo isso tem forte sentido educacional e emancipacionista.

O Esporte e todo o seu conteúdo historicamente construído constituem importante ferramenta de ação. Neste contexto, eleger a responsabilidade social como núcleo central das nossas reflexões é imperativo, na direção da superação do quadro de injustiça, exclusão e vulnerabilidade social que caracteriza a estrutura das sociedades latino-americanas.

O Brasil vive um momento muito singular de nossa história esportiva. Depois de quarenta e quatro anos uma cidade brasileira repete o feito de São Paulo, que havia sediado uma edição dos jogos, em 1963.

Visto isoladamente, o êxito organizacional e esportivo na realização da mais importante competição multiesportiva do continente americano não é suficiente para justificar o grau de investimentos que diferentes segmentos da sociedade, públicos e privados, fizeram. Tal propósito só pode ser assumido se compreendermos o processo de construção e mobilização que o evento oportunizou e, finalmente, os legados esportivos, sociais, econômicos que derivam dessa realização.

Sistematizar essas reflexões sobre o Olimpismo – seus conceitos, responsabilidade, contradições e desafios – e sobre a dimensão que o mesmo adquire no mundo atual não encerra o debate, antes, porém, inaugura um rico e necessário processo de estudos e produção válido para todos aqueles que defendem o acesso ao Esporte e ao Lazer como direitos sociais de todos os cidadãos.

Neste caso, o conjunto dos autores reunidos neste livro o faz com maestria. Não se trata de simplesmente explicitar tendências ou polêmicas que habitam o nosso tempo e, sim de constituir um movimento reflexivo que engaje e motive esta e futuras gerações.

Estar preparados para responder à altura a essas questões é, acima de tudo, um dever que como brasileiros, esportistas e gestores não podemos nos furtar.

Boa leitura.

JULIO FILGUEIRA
SECRETÁRIO NACIONAL DE ESPORTE EDUCACIONAL
MINISTÉRIO DO ESPORTE

EDUCAR COM RESPONSABILIDADE: UM DISCURSO OLÍMPICO

Profª Drª Kátia Rubio

Há cinco anos o Grupo de Estudos Olímpicos do atual Centro de Estudos Socioculturais do Movimento Humano da Escola de Educação Física e Esporte da Universidade de São Paulo iniciava suas ações, buscando estudar, discutir e analisar o Olimpismo e suas diferentes manifestações na sociedade contemporânea.

Diferentes pessoas em distintos momentos de formação fazem ou fizeram parte desse grupo que se caracterizou por uma produção intensa, pela participação ativa em diferentes eventos onde se pôde discutir o tema e na construção crítica do conhecimento sobre os Estudos Olímpicos.

Não é casual a escolha do tema desse livro Educação Olímpica e Responsabilidade Social. Isso porque entendemos que superado o romantismo inicial que moveu e motivou a criação do Movimento Olímpico, assistimos na atualidade a uma complexa trama de interesses a mover ideais e ações no campo olímpico. De um sonho multicultural e multiétnico a um dos maiores negócios do planeta os Jogos Olímpicos, a maior realização do Comitê Olímpico Internacional, tornaram-se uma fonte inesgotável de reprodução de valores culturais e de projeção da dinâmica social.

O distanciamento gradativo dos valores inicialmente apregoados tem levado à promoção de ações identificadas com valores éticos particulares e, portanto, distante da proposta olímpica inicial. A idéia de educação olímpica surge em um momento de crise desses valores e de reflexão sobre os rumos que o movimento como um todo toma, em um mundo marcado pelas diferenças não apenas culturais, mas também econômicas e sociais. Educar quem e para que são questões fundantes em diversos capítulos desse livro, que foca a educação olímpica no contexto da realidade brasileira.

Felipe Futada discute o conceito da educação olímpica desde a criação de seu conceito aos principais autores da atualidade.

Entendendo que parte do que se produz sobre o Olimpismo contemporâneo resulta de uma retomada de valores da Antigüidade Raoni Perrucci Toledo apresenta a importância das atividades atléticas no contexto da educação grega, bem como o significado dos Jogos Públicos para aquela sociedade.

Adriano Leal de Carvalho e Dario Aparecido Custódio também partem basicamente desse recorte temporal para discutir o conceito de *areté* e o quanto este se aproxima de uma criação moderna denominada *fair play*.

A questão do meio ambiente é abordada por Carolina Bonzo e Marília Bandeira a partir da perspectiva sócio-crítica, entendendo que a educação, o meio ambiente e o olimpismo tanto se aproximam quanto se distanciam, conforme os interesses daqueles que discutem e praticam esses conceitos.

Carlos Tapetti e Alexandre Moretti discutem o conceito de Educação Olímpica a partir da discussão sobre educação formal, não formal e informal.

A questão da responsabilidade social e sua utilização por diversas instituições, chamadas hoje de terceiro setor, é o que leva Edmilson de Oliveira e Rita de Cássia Verenguer, bem como Fabio Silvestre e José Aníbal de Azevedo Marques, a refletirem sobre a relevância dos denominados projetos sociais e sua condição social de fato.

Não seria possível falar em educação olímpica sem tratar especificamente da infância e da iniciação esportiva. Julio Fetter, Marina Gusson, Simone Sanches e Thais Fernandes Silva dedicam-se a discutir a responsabilidade social da iniciação esportiva e os cuidados a se tomar com esse público tanto por parte das instituições onde se pratica o esporte, como das famílias dos iniciantes.

Historicamente relegadas a um segundo plano no cenário olímpico, as mulheres ganham destaque no capítulo de Milena Bushatsky Mathias, Carla Meira e Kátia Rubio que abordam a participação feminina no cenário esportivo brasileiro, a partir da década de 1920.

Por sua vez Gilmar de Souza, Fabio Cárdias e Emerson Franchini fazem uma aproximação do bushidô, preceito básico do judô, com os ideais olímpicos, a partir daquilo que representou a figura de seu fundador, Jogoro Kano, tanto para a modalidade judô como para o Movimento Olímpico Internacional.

Enfim, espero que essa obra possa trazer a público parte das discussões que temos realizado no Grupo de Estudos Olímpicos da EEFE-USP e que também possa contribuir para o atual cenário dos Estudos Olímpicos no Brasil.

EDUCAÇÃO OLÍMPICA: CONCEITO E MODELOS

FELIPE DE MELO FUTADA

Introdução

O Movimento Olímpico, por meio principalmente dos Jogos Olímpicos e de seu potencial de construção simbólica, tem constantemente apresentando como um de seus objetivos e fundamentos propostas de programas de Educação Olímpica. Tornou-se habitual que as cidades candidatas a serem sedes de edições de Jogos Olímpicos, ou os Comitês Olímpicos Nacionais apresentem seus programas de Educação Olímpica como justificativa e proposta de continuidade dos ideais e práticas presentes nos Jogos no cotidiano de suas comunidades. Essas propostas no geral vêm acompanhadas da manutenção e viabilização pública dos equipamentos Olímpicos e na promoção do esporte para toda a população. Porém, ainda que as discussões acerca dos impactos do legado Olímpico nas cidades estejam mais fundamentadas e estudadas, pouco se discute sobre as implicações práticas da Educação Olímpica. Tal fato por si só já demonstra grande contradição uma vez que o principal eixo do Olimpismo, uma vez pensado pelo Barão Pierre de Coubertin, seria exatamente seu valor educativo.

No processo de construção do Olimpismo, Coubertin identificou a grande importância da criação e identificação de um sentido de ritual agonístico para sua proposta de reformulação dos Jogos Olímpicos e disseminação do Movimento Olímpico. Ele acreditava que a aproximação das manifestações esportivas com um imaginário heróico e agonístico impulsionaria a inserção do esporte como veículo pedagógico e sua propagação em âmbito internacional. Para isso Coubertin se valeu da criação dos ritos e símbolos Olímpicos.

Muito da construção do ideal Olímpico e conseqüentemente de seu apelo educacional está atrelado a esse imaginário simbólico, que ao longo dos tempos sofreu profundas transformações no desenrolar da história do Movimento Olímpico e da própria construção social do Esporte.

Fundador do Movimento Olímpico moderno, o francês Pierre de Coubertin se via principalmente como um educador e lutou incessantemente por uma reforma educacional que contemplasse suas postulações fundamentadas em uma formação intelectual eclética com forte influência dos referenciais gregos. Por essa razão o esporte era visto como uma ferramenta educacional, visão essa fortemente influenciada pelo modelo teórico/prático inglês.

Vários foram os fatores que influenciaram Coubertin na formação de seu "Ideal Olímpico", e, segundo Norbert Müller (2004), seria importante listar ao menos três deles:
• O pensamento de Hegel como escola filosófica levando Coubertin, a seguir suas idéias na aplicação da filosofia para a vida, ação e moral.
• A forte presença da questão social no período, com as idéias de Karl Marx, Fredéric Lê Play e Arnold Toynbee influenciando Coubertin, que se auto-posicionava entre o idealismo e a filosofia social caminhando rumo a uma nova realidade.
• O espírito do internacionalismo ou universalismo, com a forte influência do Frei Dominicano Henri Didon e o espírito do Ecumenismo, propiciando a construção de uma ideologia que acompanhasse o grande crescimento dos meios de comunicação, dos transporte e da tecnologia em âmbito internacional.

Todos esses elementos foram essenciais para a formação do educador Coubertin, bem como em sua ideologia que viria a se tornar um dos grandes movimentos internacionais da época e que se mantém vivo até os dias de hoje. Para Coubertin, o Olimpismo enquanto ideologia transcendia as barreiras que tendiam a dicotomizar o ser humano em suas várias facetas. Pode-se dizer que para ele esta não era uma filosofia de vida, mas a própria vida, "toda uma soma de valores que, através e além da força física, são desenvolvidos quando participamos na prática esportiva" (Malter, 1996).

Na compreensão da dinâmica de formulação e implantação do ideal de Olimpismo como categoria de pensamento filosófico é importante salientar os motivos pelos quais Coubertin se mostrava tão sensível à assimilação de variados conceitos e valores, fazendo uma releitura de sua matriz. Pierre de Coubertin era um eclético, influenciado em grande parte pelo pensamento de ecletismo que culminou nos trabalhos do francês Victor Cousin.

De acordo com DaCosta (1999), é possível distinguir uma identidade comum entre os textos do Barão e os fundamentos de Cousin, ambos importantes reformadores sociais. Coubertin, tomando como base a escola de associação e experiência, proposta pela linha de pensamento do ecletismo, iria se apropriar das mais variadas fontes teóricas na sua proposição do ideal Olímpico, numa constante busca por melhor definir aquilo que ele colocaria como sendo não um sistema, mas uma filosofia, ou ainda, um estado de espírito.

De acordo com o tipo de recorte feito para seu entendimento, essa abordagem se afastava ou se aproximava do pensamento positivista e sistemático de algumas correntes filosóficas da época, uma vez que o Olimpismo então proposto por Coubertin, só poderia ser compreendido a partir de uma visão mais fenomenológica, na qual suas idéias são manifestações de inquietações e de sua intuição, que por si só já carregavam uma série de elementos importantes a essa discussão. Muitas das críticas feitas ao Olimpismo são embasadas nas características humanistas de seu idealizador, que tenderia a generalizar algumas das relações humanas no seu entendimento de mundo. Percebe-se, de fato, no Olimpismo a disposição de diálogo nas mais diferentes linguagens, sendo esta inclusive a característica de maior destaque enquanto filosofia educacional aplicada.

Não seria possível iniciar a discussão acerca dos valores que subjazem ao Olimpismo como ideal filosófico e educativo sem antes estabelecer as relações que construíram a base de Coubertin na relação com a pedagogia esportiva.

Embora sua formação eclética exercesse grande influência teórica sobre o desenvolvimento do Olimpismo, houve outra matriz que muito influenciou suas postulações acerca do Olimpismo como filosofia de vida, com importantes implicações no processo educativo formal. Essa escola de pensamento foi criada e desenvolvida por Thomas Arnold na Rugby School inglesa, que transcendeu, de acordo com Coubertin (1887), o que até então era tido como currículo de formação acadêmica.

Depois de realizar várias viagens com o intuito de pesquisar e compreender o sistema educacional da Inglaterra, Coubertin se identificou com as idéias de Thomas Arnold, que propunha um sistema educacional que visava a formação, principalmente, do caráter de seus educandos. Essa proposta atentava para inúmeros fatores que eram comumente desprezados nas propostas gerais de ensino, como por exemplo as inter-relações dos estudantes, onde de certa forma uma série de normas e códigos de conduta eram criados e executados expondo valores e comportamentos tidos como significantes para a sociedade de então. Esse fenômeno pode ser comparado à linha teórica que sustenta a existência do currículo oculto no processo educacional, que entende haver todo um constructo cultural transmitido e transformado pelas pessoas do grupo, sem que necessariamente esteja explícito nos meios formais de conteúdo (Silva, 2002).

Essa idéia em muito influenciou Coubertin na sua concepção de ser humano e de sociedade, que mais tarde se tornaria explícita nas suas propostas de reforma educacional na França. A forte presença da atividade física e o entendimento de esporte como instrumento educacional presente no modelo inglês impulsionaram o ideário Olímpico.

Arnold creditava ao esporte um potencial singular de transformação e construção de caráter de seus alunos, uma vez que, envolvidos no ambiente esportivo com todas as suas inerentes manifestações, eles eram submetidos a processos de formação e revisão de seus conceitos, num constante processo de revaloração de ideais nas práticas coletivas, nos inter-relacionamentos, no desenvolvimento individual, etc.

Por tais motivos, pode-se melhor compreender a determinação de Coubertin de aliar-se à perspectiva de formação por meio da prática esportiva às bases filosóficas do Olimpismo, uma vez que o modelo educacional inglês acentava sua proposta pedagógica em um sistema de significação de valores.

Enquanto as dúvidas e críticas quanto a eficácia e a validade de um modelo educacional pautado na formação de valores estão muito presentes nas discussões atuais sobre Educação, a perspectiva idealizada de ser humano como produto e produtor de uma conduta ética e justa contempla outras questões como o real sentido de justiça e ética e as relações de poder. Muito embora já se tenha pensado sobre condições mínimas necessárias para que todos tenham acesso e garantia de qualidade de vida, conforme a Declaração Universal dos Direitos Humanos, sabe-se dos diferentes conceitos pensados e, talvez ainda mais importante, compreendidos, por cada indivíduo sobre questões como justiça, ética e valores para cada grupo social. Levando isso em consideração, há que se avaliar com cuidado a visão, ainda que compreensível para a época e para o contexto, na qual foi produzido o modelo de formação inglês cujo objetivo era o máximo de desenvolvimento educacional.

Da "Educação Esportiva" à "Educação Olímpica"

Para que uma análise do conceito e aplicação da Educação Olímpica seja possível faz-se necessário investigar as bases metodológicas e filosóficas que fundamentaram seu advento e que sustentam e transformam seu caráter ao longo dos tempos.

O termo Educação Olímpica surgiu na década de 1970, com os estudos de Norbert Müller no âmbito do esporte educacional, tendo como pressupostos os valores e idéias presentes no Olimpismo e na educação esportiva do Barão Pierre de Coubertin. Uma de suas metas era tornar o esporte moderno parte da rotina escolar, inserindo uma filosofia de educação pelo esporte que contemplava o ser humano na sua totalidade (Müller, 2004).

A grande ênfase no Olimpismo enquanto uma filosofia de vida pode ser encontrada na sua estreita relação com o processo de educação do ser humano, exemplificado na Carta Olímpica (2003) e seus princípios fundamentais que assim dizem:
1º Princípio Fundamental: "O Olimpismo é uma filosofia de vida que exalta e combina em equilíbrio as qualidades do corpo, espírito e mente. Ao associar esporte com cultura e educação o Olimpismo se propõe a criar um estilo de vida baseado na alegria do esforço, no valor educativo do bom exemplo e no respeito pelos princípios éticos fundamentais universais."
2º Princípio Fundamental: "O objetivo do Olimpismo é colocar o esporte a serviço do desenvolvimento harmonioso do homem, na perspectiva de encorajar o estabelecimento de uma sociedade pacífica e preocupada com a preservação da dignidade humana." (IOC, 2003).

Na tentativa de esclarecer as relações entre o legado filosófico do Olimpismo de Coubertin e o desenvolvimento do modelo de Educação Olímpica, pode-se destacar algumas perspectivas de análise.

De acordo com Brownlee (1999) a Educação Olímpica é um processo que busca trazer vida à filosofia do Olimpismo, através do ensino dos ideais Olímpicos – fornecendo experiências que reforçam a identidade cultural e pessoal, tolerância para todos, compreensão mútua, desenvolvimento individual e uma busca pela excelência humana.

Por sua vez Bruce Kidd (1985) buscou articular pontos de correspondência entre Olimpismo e os objetivos gerais da Educação Olímpica:
• Participação em massa: a expansão das oportunidades para que o esporte e o jogo gerassem o que Coubertin chamaria de "democracia da juventude";
• Esporte como Educação: o desenvolvimento de oportunidades que são genuinamente educacionais, que atendam tanto ao indivíduo quanto aos grupos no processo do conhecimento;
• Esportividade: a adoção de um alto padrão de esportividade, que Coubertin chamou de "novo código cavalheiresco";
• Troca cultural: a integração das artes visuais e performáticas nas celebrações Olímpicas;
• Compreensão internacional: a criação de um movimento cuja participação transcende as categorias racial, religiosa, política e econômica, uma irmandade que promova compreensão e por conseqüência contribua para a paz mundial;
• Excelência: a busca da excelência na performance.

Segundo Gruepe (1996) podem ser destacadas três principais mensagens pedagógicas a partir dos escritos de Coubertin acerca da Educação:
• O desenvolvimento do corpo, mente e caráter através do esforço por uma realização física ou competitiva (levado sempre no espírito de *fair play*).
• Disponibilidade de uma grande variedade de esportes.
• Paz, cordialidade e compreensão internacional.

Müller (2004), oferece uma descrição das idéias relativas à Educação Olímpica, que surgiram na vida e na produção de Pierre de Coubertin:
• O conceito de desenvolvimento harmonioso do ser humano por inteiro.
• A idéia de esforço pela perfeição humana através da alta performance (científica e artística, bem como esportiva).
• Atividade esportiva voluntariamente relacionada a princípios éticos como *fair play* e igualdade de oportunidades.
• O conceito de paz e boa vontade entre as nações, refletidas como respeito e tolerância nas relações entre os indivíduos.
• A promoção de mudança para a emancipação dentro e através do Esporte.

São muitas as similaridades e pontos de convergência nessas várias interpretações da Educação Olímpica, no entanto cada uma possui sua ênfase específica. Para melhor compreender essa perspectiva de Olimpismo como filosofia educacional iremos nos ater ao desenvolvimento das idéias de Müller anteriormente citadas, como exemplo de interpretação do conceito de Educação Olímpica.

O conceito de desenvolvimento harmonioso e integral do ser humano

Essa abordagem defende que deve haver uma busca pela formação do indivíduo na sua totalidade, sem fragmentação de domínios biológicos, psicológicos e sociais, entre outros, colocando o esporte e a atividade física como elemento fundamental para essa realização. Dentro dessa perspectiva Coubertin já defendia ao final no século XIX a existência da Educação Física no ambiente escolar como disciplina obrigatória. Sua abordagem, no entanto, não afirmava o esporte como especialização, mas como a possibilidade de intervenção educacional, dialogando com outras manifestações como a arte e a música dentro de determinadas propostas.

O conceito de desenvolvimento integral pode sugerir inúmeras dúvidas quanto a seus objetivos e amplitude, uma vez que estamos tradicionalmente vinculados a uma perspectiva cientificista pragmática. As críticas com relação a essa visão de homem e de educação de Coubertin devem ser compreendidas dentro de uma perspectiva histórica, que, como já mencionado, tinha suas influências significativas para que o mosaico do Olimpismo fosse construído dessa forma.

A idéia de perfeição humana

Esta idéia compreende que os Jogos Olímpicos são a maior demonstração de façanhas, auto-superação e de estabelecimento de recordes possíveis dentro do universo esportivo se comparados a outras competições, e que esse caráter de transcendência dos Jogos está presente no próprio conceito de Olimpismo onde a busca de desenvolvimento é uma constante.

Esta ideologia pode ter sido em grande parte influenciada pelos valores presentes no modelo da agonística grega. O princípio da agonística é caracterizado, segundo Durantez (1977), como toda atividade em que exista confronto ou mútua oposição entre os protagonistas que dela participem, apresentada em forma de disputa pacífica ou amistosa, própria e característica do certame desportivo, mantendo respeito ao competidor que associava o próprio desempenho às virtudes do adversário, valorizando o respeito e a dignidade da competição. Esta dependência significa uma necessidade recíproca do enfrentamento do obstáculo, pois é somente dessa forma que os próprios limites e capacidades podem ser superados. O competidor compreende ser parte de um ciclo transformador e, portanto, comporta-se com a citada ética esportiva, participando de forma justa, respeitando o adversário, as regras de competição e o valor onipresente do embate.

Essa perspectiva é cabível não somente ao atleta em situações competitivas de alta performance, mas a qualquer indivíduo que se engaja na prática de um esporte ou atividade física e busca melhoras em seu desempenho, novamente tendo como perspectiva os princípios de honestidade e justiça. Buscando um paralelo com as influências do modelo de educação da Paidéia Grega, esse entendimento da agonística como manifestação presente nas situações esportivas está diretamente vinculado ao conceito de *areté*.

A *areté* grega pode ser compreendida como a virtude e hombridade, condições que fazem do indivíduo que a possui uma pessoa mais próxima do ideal heróico almejado e engloba virtudes físicas como a destreza, a força, a beleza e a saúde; bem como virtudes espirituais como o senso de justiça, a prudência, a sagacidade, a bondade e o amor às artes de forma geral como manifesto de significação dos sentimentos humanos. Esta disputa individual na superação de limites e aperfeiçoamento físico e espiritual era realizada tanto nos campos de batalha quanto nas celebrações mítico-religiosas em homenagem aos deuses mitológicos (Jogos Olímpicos, Jogos Fúnebres, etc.). Nessas ocasiões eram realizadas diversas provas esportivas e culturais e, dentro desse contexto, surgia no participante a busca pela *areté* não por doutrina imposta, mas pela incessante busca de valores e princípios vivos adquiridos na convivência com aqueles que já se mostravam diferenciados (MUNGUIA, 1992 ; RUBIO, 2001).

O comprometimento com os princípios éticos na atividade esportiva

Sob essa idéia espera-se desenvolver um dos conceitos basilares do Olimpismo, conhecido como *fair play*. São pontos chave para o desenvolvimento e assimilação do conceito e atitude de *fair play* que os educandos aprendam a aceitação da existência de regras nos jogos, nas brincadeiras e na vida; que o *fair play* seja exercitado em todas as situações para a transformação do mundo que os cerca. De acordo com Müller (2004), influências como a mídia e o investimento financeiro no universo Olímpico são alguns dos vários fatores que influenciam a existência e validade desse espírito de *fair play*.

A análise desse conceito implicará na própria abordagem do Esporte e da atividade física como instrumentos educacionais de valores, conforme discutido no tópico sobre as influências do pensamento inglês sobre as teorias de Coubertin. Mas, dois pontos são dignos de nota. Um deles é o entendimento do autor quanto a associação entre regra e demonstração de *fair play* em outras instâncias que não apenas na prática esportiva.Isso por si só denota uma flexibilidade na noção de regra explícita e implícita, ou como os estudos mostram, entre o *fair play* formal e o informal. Um outro ponto importante é a volatilidade desse conceito quando questões como, por exemplo, mídia e investimento financeiro, são analisadas no desenrolar histórico do Movimento Olímpico.

Internacionalismo, respeito e tolerância

Müller atribui ao Movimento Olímpico, ao Olimpismo e principalmente ao forte exemplo dos Jogos Olímpicos, um potencial estímulo tanto à compreensão internacional através do esporte, como à prática de relações de respeito e tolerância interpessoal entre os indivíduos envolvidos na prática esportiva. Independentemente do nível em que seja feita a análise, espera-se que o esporte pautado por ideais filosóficos e comportamentais traga consigo toda uma gama de exemplos e a geração de oportunidades para a melhora dessas competências.

Essa tomada de atitude, que pode ser compreendida inclusive como uma transcendência da questão do conviver, está diretamente relacionada à construção do indivíduo na sua subjetividade e, no caso do internacionalismo, na construção da identidade cultural de determinado grupo. Essa organização prévia da identidade pessoal e social seria condição para que os envolvidos nessa dinâmica educacional identificassem o que de fato lhes confere sua subjetividade e só então passassem a reconhecer o que lhes é diferente, numa demonstração de alteridade.

Nesse conceito Coubertin já aponta para a distinção entre patriotismo e nacionalismo. O Barão defenderia o espírito de sociedade presente no Movimento Olímpico estimulando o amor à pátria. Por outro lado entendia que o pensamento nacionalista deveria ser execrado uma vez que junto dele poderiam estar presentes atitudes xenofóbicas e preconceituosas. Os Jogos Olímpicos seriam um momento de congregação, onde as disputas de poder ou as atitudes e intencionalidades de diferenciação negativa não deveriam existir. Muito embora essa fosse uma preocupação inicial de Coubertin na construção do Olimpismo, estudos mostram que a dinâmica do jogo de poder e formas de comparação sempre estiveram presentes no Movimento Olímpico.

Emancipação através do Esporte

A dinâmica que subjaz ao esporte e suas manifestações deveria ser construída sobre um forte sentimento de responsabilidade social. Para isso seria necessário manter atenção sobre as questões de igualdade de direitos na prática do esporte, com o devido respeito às diferenças individuais.

Portanto, questões relacionadas a temas como os direitos humanos, gênero no esporte, raça e etnia, diferenças sociais, devem ser, não ignoradas, mas explicitadas e trabalhadas valendo-se do próprio esporte como ferramenta de desmistificação e transformação de alguns pressupostos, eliminando preconceitos e estereótipos que atuem no sentido oposto desta proposta.

Muito embora a perspectiva educacional do Olimpismo esteja presente em seu ideário desde o princípio, no contexto contemporâneo deve-se questionar também o real propósito da continuidade dos Programas de Educação Olímpica. A questão que se coloca é se seria possível uma retomada dos ideais educacionais gregos que fundamentaram as idéias de Coubertin, ou ainda se simplesmente se tenta dar credibilidade ao universo Olímpico e seus símbolos.

Embora pareça haver uma certa concordância com os padrões gerais que determinam se um programa se enquadra como "Educação Olímpica" existem várias diferenças nas formas como essas características gerais são transformadas em conteúdo pedagógico, atividades e métodos. São essas diferenças essenciais que realmente mostram as possibilidades de interpretação e trabalho das idéias comuns com relação a esse modelo. Naul (2002) propõe a descrição de algumas iniciativas em Educação Olímpica:

• Abordagem orientada por informação/conhecimento (wissens-orientierte): Esta abordagem, de acordo com o autor, seria a mais disseminada pelo mundo, e teria seu foco sobre a apresentação de informação sobre os Jogos Olímpicos Modernos e Antigos, com ênfase em nomes, datas e fatos do Movimento Olímpico.

• Abordagem pela prática/experimental (erlebnis): Esta proposta enfatiza a participação de crianças e adolescentes em competições e festivais "Olímpicos" escolares, na cooperação e comunicação internacional, e enfatiza o ensino do *fair play* e da compreensão cultural.

• Abordagem de desenvolvimento individual através do esforço (*konnens–orientierte*): O foco desta abordagem recai sobre a idéia de que o desenvolvimento individual e social ocorre por meio de um esforço intenso de auto-superação física e através da competição com outros.

• Abordagem orientada para a vida (*Lebenswelt*): Aqui entende-se e interpreta-se os ideais Olímpicos como motivação para atividades de aprendizado individual para todos os estudantes em todos os aspectos de sua vida, integrado à participação pessoal no esporte e na atividade física. O autor credita esta abordagem a Deanna Binder, cujo trabalho teria desenvolvido cinco objetivos básicos de um programa de Educação Olímpica, a saber:

- Incremento da personalidade humana por meio da atividade física e do esporte, associado à cultura e compreendido como uma experiência a ser trabalhada durante toda a vida.

- Desenvolver a noção de solidariedade humana, tolerância e respeito mútuo associado ao *fair play*.

- Encorajar a paz, a compreensão mútua, o respeito pelas diferentes culturas, a proteção do meio-ambiente, os valores humanos fundamentais de acordo com as especificidades locais.

- Encorajar a excelência e a realização de acordo com os ideais Olímpicos fundamentais.
- Desenvolver um senso de continuidade da civilização humana, explorado através da história Olímpica antiga e moderna.

De certa forma, os objetivos gerais da Educação Olímpica são estabelecidos tendo em mente seu desenvolvimento por meio da utilização do esporte e da atividade física como instrumentos de transformação. É importante destacar que, ainda que se busque estabelecer essa relação íntima dos ideais do Olimpismo contidos nos programas de Educação Olímpica com a prática esportiva, pouco se desenvolveu a respeito das etapas, métodos e possibilidades práticas da utilização da atividade física e do esporte como ferramenta educacional. Um outro ponto que merece destaque é a dedicação à educação com ênfase no desenvolvimento moral.

O aprimoramento de valores, ou educação moral, é um processo complexo que ocorre em todos os aspectos da vida de crianças e adolescentes. Influências culturais de grupos específicos como a família, a comunidade, a religião, sempre foram e continuam sendo elementos importantes nesse processo, no entanto, atualmente a responsabilidade pelo desenvolvimento de valores é também esperada por parte das instituições escolares e do ensino formal. Outros fatores como a mídia, a internet e a multiculturalidade contemporânea colaboram para tornar esse quadro ainda mais complexo e dinâmico.

Várias propostas de processos de aprendizagem moral importantes têm sido apresentadas pela literatura, como a identificação e resolução de conflitos morais, o exercício de diferentes papéis sociais e a exemplificação de situações de conflito, etc. É também sabido que o desenvolvimento moral não é uma conseqüência automática da participação na atividade física, e, que os processos pouco explícitos e a tomada de decisão pedagógica que contribuem para esses processos são o foco das teorias de currículo relacionadas à ética e à educação moral.

Conforme sua contextualização geral, percebe-se que a validade de um programa de Educação Olímpica deve ser analisada em todas as esferas nas quais ele pretende influenciar, mantendo sempre em mente a noção de que embora o próprio Olimpismo proponha uma abordagem harmônica e integral do ser humano, não existe qualquer possibilidade de garantia que todas as suas proposições sejam contempladas. É importante que se atente à realidade específica e regional dos diferentes locais onde os programas são desenvolvidos, fato que fará surgir inúmeros questionamentos e críticas com relação à adequação dessa perspectiva ao sistema educacional, ou ainda à sua relevância.

Uma vez que se entende os objetivos pedagógicos da Educação Olímpica como parte da integral do ser humano, e compreendendo também os objetivos da escola como instituição educacional, é importante discutir algumas de suas relações.

A Educação Física Escolar brasileira possui um corpo de conhecimento científico relativamente novo no que diz respeito à própria Educação Física como área, e com relação às demais áreas de conhecimento presentes na instituição escolar. Como conseqüência, criam-se inúmeros modelos teóricos e práticas pedagógicas que podem ser vistos como positivos se feito um recorte analítico da variedade de formas de se trabalhar a atividade física e o esporte, entendidos como parte da cultura corporal, adequando-as às necessidades sociais locais.

Não é possível dizer, de forma geral, que a Educação Física Escolar, ou a realizada nos espaços não-formais também preocupados com o desenvolvimento educacional de seus educandos, contemple os objetivos estabelecidos nos programas de Educação Olímpica e vice-versa. Porém, percebe-se uma convergência de pressupostos acerca de educação, humanidade e sociedade nesses dois grandes blocos.

De acordo com o local onde a proposta de Educação Física vem a ser realizada, com influências pessoais, coletivas, institucionais, físicas, políticas, financeiras, etc, o modelo educacional da Educação Olímpica vem a ser um pilar ideológico, ou um complemento teórico-prático no estabelecimento e desenvolvimento do programa.

Ao se lidar com modelos de Educação Olímpica e com o que eles propõem como método e exemplo, deve-se estar atento ao significado dessas propostas na sociedade contemporânea. O Movimento Olímpico com seus símbolos, ritos e imaginário, representa um universo ideológico com forte apelo educacional, pautado nos fundamentos de Olimpismo. No entanto, existe uma gama de fatores além dos preceitos do Olimpismo que também influenciam a dinâmica do Movimento Olímpico e conseqüentemente seus programas educacionais. Alguns elementos financeiros, políticos e de disputa de poder estão presentes no Movimento Olímpico e em seus ideais influenciando essa dinâmica. É por isso que, ainda que com inegável potencial educativo e exemplo teórico-prático, deve-se sempre reavaliar a validade e adequação de um programa educacional atrelado a um movimento que é influenciado por tantos fatores, ora positivos, ora negativos.

Essa característica não deve ser tida como limitante para a apropriação de elementos presentes nos modelos de Educação Olímpica. Mas, assim como qualquer proposta educacional, esta também deve estar passível de revisão de conceitos, valores e significados como uma prática inerente ao processo educativo para todos os sujeitos envolvidos.

O conceito de Olimpismo presente na Educação Olímpica, e todo seu arcabouço filosófico podem parecer, por vezes, um tanto distante dos objetivos tradicionalmente vinculados à prática esportiva e seu processo de ensino e aprendizagem, ou distante do modelo geralmente atribuído ao processo educacional onde constam objetivos, conteúdos, estratégias e avaliação. Por outro lado, é notável o potencial da Educação Olímpica em se apropriar do Esporte como instituição cultural e, a partir de todas as suas manifestações, trabalhar os mais variados temas em situações reais ou que remetam a uma realidade mais próxima dos educandos.

Essa perspectiva traz imbuída na sua prática uma série de mudanças com relação à Educação Física e ao Esporte como instrumentos educacionais, ao papel de seus profissionais, às relações entre suas estratégias e seus conteúdos com outras áreas do conhecimento humano envolvidas no processo educacional.

Se por um lado existe a possibilidade da Educação Olímpica ser julgada como uma abordagem relativamente vaga, uma vez que ela se baseia na proposição de valores humanistas universais, por outro lado sua característica de multiculturalidade e inter-relação com diferentes temas emanados das discussões sobre o esporte e a cultura corporal permitem que ela seja um potente instrumento de intervenção.

Além da perspectiva de desenvolvimento individual concreto e qualitativo quando se lança mão desse conhecimento interdisciplinar, assegura-se o espaço para que o Esporte, a Educação Física e a Cultura Corporal como um todo consigam dialogar com outras instâncias que lidam com o desenvolvimento humano.

Essa construção dialógica do conhecimento vem sendo defendida em diversas instâncias, da prática profissional cotidiana às políticas internacionais, por exemplo em órgãos representativos como a UNESCO, que possui comissões para estudo e proposição prática de diferentes temas relacionados à educação, entre eles o esporte e a educação física.

Na tentativa de melhor discutir as questões relacionadas à Educação Olímpica como um advento do Movimento Olímpico espera-se que esse trabalho tenha conseguido ao menos iniciar uma aproximação do tema com a discussão sobre educação e com os conteúdos da educação física nacional. Vários são os recortes analíticos que mereceriam críticas e proposições mais detalhadas, ficando o desejo de melhor aprofundar o tema em futuros estudos.

Referências Bibliográficas

BINDER, D. L. Teaching Olympism in Schools: Olympic Education as a focus on values education: University lecture on the Olympics [online article]. Barcelona: Centre d'Estudies Olimpics (UAB). International Chair in Olympism (IOC – UAB), 2004. <http: //olympicstudies.uab.es/lectures/web/pdf/binder.pdf >

BINDER, D. L. **Be a champion in life: International teacher's resource book.** Athens: Foundation of Olympic and Sport Education, 2000.

BROWNLEE, H. **Global Initiatives on Olympic Education.** 39th Session: International Olympic Academy, 1999.

COUBERTIN, P. (1887). L'Éducation Anglaise. In: Norbert Müller (Editing Director). **Olympism: Selected Writings.** International Olympic Committee. Lausanne: 2000.

COUBERTIN, P. (1887). L'Éducation Athlétique. In: Norbert Müller (Editing Director). **Olympism: Selected Writings.** International Olympic Committee. Lausanne: 2000.

DaCOSTA, L. P. O Olimpismo e o equilíbrio do homem. In: O. Tavares & L.P. DaCosta. **Estudos Olímpicos.** Rio de Janeiro: Editora Gama Filho, 1999.

DURANTEZ, C. **Las Olimpíadas Gregas.** Pamplona: Comitê Olímpico Espanhol, 1977.

GRUEPE, O. Die olympische Idee ist paedagogisch: Zu Fragen und Problemen einer "olympische Erziehung". In N. Müller & M. Messing (Eds.), **Auf der Suche nach der Olympischen Idee** (pp. 23-38). Frankfurt: Agon-Sportverlag, 1996.

INTERNATIONAL OLYMPIC COMMITTEE (2000). **Olympic Charter.** Lausanne: IOC. 2003 Online Version.

KIDD, B. **The legacy of Pierre de Coubertin.** Paper presented at the Olympic Academy of Canada, Vancouver, B.C., 1985.

MALTER, R. Eurythmie des Lebens als Ideal menschliche Existenz. Bemerkungen zu Coubertins geschichtsphilosocher Anthropologie, In Muller, N. and M. Messing (eds.): **Auf der Suche nache der Olympischen Idee.** Kassel: Agon, p.9-16, 1996.

MÜLLER, N. Olympic Education: University lecture on the Olympics [online article]. Barcelona: Centre d'Estudies Olimpics (UAB). International Chair in Olympism (IOC – UAB), 2004. <http: //olympicstudies.uab.es/lectures/web/pdf/muller.pdf>

MUNGUIA, S.S. **Los Juegos Olimpicos, Educacioón, deporte, mitologia y fiestas em la antigua Grecia.** Madrid: Anaya, 1992.

RUBIO, K. **O atleta e o mito do herói.** São Paulo: Casa do Psicólogo, 2001.

SILVA, T. T. **Documentos de Identidade – Uma introdução às teorias do currículo.** Belo Horizonte: Autêntica, 2002.

TAVARES, O. A. Referenciais teóricos para o conceito de Olimpismo. In: O. Tavares & L.P. DaCosta. **Estudos Olímpicos.** Rio de Janeiro: Editora Gama Filho, 1999.

A Influência das Manifestações Atléticas na Educação da Antiguidade

RAONI P. T. MACHADO

Introdução

Falar sobre a Antigüidade pode parecer difícil já que o termo remete a qualquer período do passado. O foco de estudo deste ensaio fixar-se-á no intervalo de tempo em que floresceu a cultura helênica, iniciado em meados do oitavo século antes de Cristo e encontrando seu fim com as invasões romanas por volta do século II a.C., momento de total descaracterização de sua cultura, como sendo grega. Nosso objetivo é discutir a concepção de educação e práticas atléticas na Grécia helênica, oferecendo subsídios para a compreensão do tema Educação Olímpica.

O tema Educação Olímpica, como mostra Müller (2004), desenvolveu-se com base no Olimpismo, criado no fim do século XIX d.C. pelo educador francês Pierre de Freddy, o Barão de Coubertin, como conseqüência de sua luta por fazer renascer, na Era Moderna, os Jogos Olímpicos como eram realizados na Antiguidade.

Coubertin vivia em uma sociedade em um momento histórico que ainda recebia as influências do arcadismo, muito embora as buscas por tesouros materiais e culturais helênicos já não estivessem tão intensas. Os resultados desses esforços eram nítidos e podiam ser sentidos nas ações das principais personalidades daquele tempo. Uma dessas buscas, em fins do século XVIII d.C., culminou com as primeiras descobertas das ruínas do Santuário Sagrado de Olímpia, revelando, segundo Cabral (2004) a primeira data histórica da Grécia atestada com precisão – 776 a.C. – ano que começaram a ser anotados os vencedores dos Jogos Olímpicos. Esses registros apontam que as primeiras personalidades históricas conhecidas eram os atletas vencedores destes Jogos, demonstrando a relação intima da história helênica com as praticas atléticas.

As competições na Antigüidade eram exclusivas para homens livres, relacionando essa atividade ao exercício da cidadania.

Os grandes festivais, em geral, não eram simples comemorações, mas sim uma ritualização, uma busca do espaço e do tempo sagrado original. O esporte como uma visão mítica do mundo, assim como a religião, propiciava a entrada em uma outra esfera, que longe dos problemas da realidade, reconfortava o homem de possíveis frustrações, uma satisfação originada pela imaginação (Baillette e Brohm, 1995).

Baseado então nesta característica mítica do esporte e do herói, Pierre de Coubertin, desenvolveu o conceito de Olimpismo presente na Carta Olímpica (2001), utilizado para a recriação dos Jogos Olímpicos, se referindo a uma:

"Filosofia de vida que exalta e combina em equilíbrio as qualidades do corpo, espírito e mente. Ao associar esporte com cultura e educação, o Olimpismo se propõe a criar um estilo de vida baseado na alegria do esforço, o valor educativo do bom exemplo e o respeito pelos princípios éticos fundamentais universais".

Esse princípio, idealizado em fins do século XIX d.C., era perfeitamente justificado pelo momento em que foi criado, onde o esporte era praticado principalmente como estratégia de controle do tempo livre, ganhando grande importância como conteúdo de formação escolar (Elias e Dunning, 1995). No entanto, tal princípio, visto como a essência do Movimento Olímpico da Era Moderna, teve sua gênese cerca de dois mil e quinhentos anos antes, momento em que florescia a cultura helênica. Nela, mito e história se confundiam desde os primeiros habitantes, fazendo com que naquela sociedade se desenvolvesse um profundo respeito por todas as figuras divinas que controlavam as forças da natureza, das quais eram dependentes. Nos rituais religiosos, o homem buscava transcender sua condição de humano para aproximar-se dos deuses, e uma das maneiras encontradas para isso eram as demonstrações de destreza física.

A Grécia antiga

A partir do século XV a.C. aproximadamente, as grandes epopéias passaram a nutrir a imaginação dos gregos por meio de poemas. Elas ensinavam a *areté*, princípio que sintetizava um modo de vida nobre e cavalheiresco, exposto na própria alma do herói homérico, predominantemente patriarcal. Por outro lado, talvez camuflado em seus princípios, apresentava também elementos próprios da alma feminina, como a beleza do seu corpo (*Afrodite*), a constância e respeito pelas leis matrimoniais (*Hera*) e a habilidade para inspirar futuros heróis a realizarem feitos patriarcais excelentes, como a deusa *Atena*. Essa alusão à deusa *Atena* não é casual, tendo ela nascido da cabeça de *Zeus*, que por sua vez nasceu em Creta. Nesta ilha, todos os rituais possuíam predominantemente imagens de deusas, quase sempre sob a forma de serpente, e raramente apresentavam figuras masculinas ou símbolos fálicos. Mesmo a ordem olímpica sendo essencialmente patriarcal, guardava em si fortes princípios femininos que foram preservados, inconscientemente ou não, pelos antigos habitantes daquele mundo em transição (Campbell, 2004).

A última onda de invasores, desencadeada pelos Dórios entre os séculos XII e XI a.C., levou os antigos habitantes daquela região a fugirem para a Ásia menor, fazendo com que a Grécia passasse a viver um caos cultural. A arte minóica entrou em decadência e os mitos masculinos ganharam mais força na religião em virtude do temperamento guerreiro dos novos invasores (Brandão, 1996). Para Munguia (1992) foi essa união de culturas e as adaptações entre os invasores vindos do norte com a raça mediterrânea que deu origem ao povo grego. Em virtude dessa desordem, pouco se sabe sobre os dois séculos subseqüentes, certo era que a Grécia estava se reorganizando e se desenvolvendo. As pequenas tribos e aldeias estavam crescendo, muitas se uniram formando as primeiras *polis* e durante os séculos VIII a VI a.C. houve a mudança da monarquia para a aristocracia. Os *Eupatridas*, a nobreza destas novas cidades, estavam para a *polis* assim como os deuses para o Olimpo. Isso aconteceu por razões práticas, já que a posse de terra era o principal meio de riqueza e o combate singular a única tática bélica, afirmando que somente aqueles que tivessem dinheiro para pagar o soldo, além de comprar carros, cavalos e armamentos, poderiam defender sua cidade.

Por trás desse quadro, encontrava-se a *areté*, melhor traduzida como virtude, condição moral que sustentava e direcionava o modo de ser do cidadão grego por volta do oitavo século antes de Cristo.

Algumas obras daquele tempo, como a *Ilíada* e a *Odisséia*, atribuídas a Homero, e os relatos históricos de Tucídides e Heródoto ilustram o modo de vida daqueles cidadãos, bem como a importância com que eles se viam no mundo. Tucídides (2001) no início da

"História da Guerra do Peloponeso" deixa claro ao justificar sua obra:

> "A guerra entre os peloponésios e os atenienses tratava-se do maior movimento jamais realizado pelos helenos, estende-se também a alguns povos bárbaros – a bem dizer à maior parte da humanidade" (1, 1).

Nessas obras, são apresentados valores morais que expõem claramente os deveres básicos da educação da nobreza helênica. Completando esse quadro, Hesíodo apresenta a *areté* dos trabalhadores que, de forma imposta ou não, era mostrada e adquirida pelo amor ao trabalho (Lafer, 2002). De acordo com a obra de Jaeger (2003), vê-se que o homem é bom porque nele habita ou dele nasce a *areté*. Ela não surge ao acaso, mas nasce por força de seguir uma ordem e ser ajustada a um objetivo. Todo ser é bom quando nele vinga e se realiza um tipo de ordem correspondente a sua essência, o seu próprio cosmos (alma). Isso se fundamenta na ética platônica de que o homem nunca pode desejar o que não considera ser bom. Dessa forma, a *areté* de Platão baseava-se na premissa de autodeterminação normal do próprio Eu sobre a base de conhecimento do bem. Caso contrário, viveríamos todos num mundo em que a *Paidéia*, ou seja, o princípio total da educação, careceria de toda a razão de existir.

Heródoto (2001) mostra que a busca por esse ideal foi bastante representativa para o povo helênico, e que muitas vezes causava espanto aos bárbaros. O autor relata em sua obra uma passagem ocorrida durante a invasão persa do quinto século antes de Cristo:

> *"Nessa ocasião, chegaram ao local alguns trânsfugas procedentes da Arcádia, pedindo alimento e oferecendo-se para trabalhar. Um dos persas encarregado de levá-los à presença do rei, perguntou-lhes de que se ocupavam os gregos no momento. "No momento", responderam eles, os "gregos celebram os Jogos Olímpicos e assistem aos exercícios gímnicos e as corridas de cavalo". O mesmo persa perguntou-lhes ainda qual o prêmio nessas justas. "Uma coroa de Oliveira", responderam. Conta-se que nessa ocasião, Tritantecmes, filho de Artatanes, ao saber que o prêmio não consistia em dinheiro, mas em uma coroa de Oliveira, exclamou na presença de todos: "Pelos deuses Mordônio, que espécie de homens são esses que nos leva a atacar. Insensíveis ao interesse, não combatem senão*

pela glória!" Isso lhe valeu acerba censura por parte do próprio soberano persa" (Hist. 8, 26).

Havia também diferenças pela forma como esse princípio moral era regionalmente tratado. Em Esparta, por exemplo, cidade com fama de guerreira, a *areté* vinha de um herói que se sacrificava pela pátria, já que a educação espartana tinha como princípio a força do Estado. A influência do Estado na educação era tão determinante na vida de seus cidadãos, que havia por parte de seus homens um verdadeiro prazer em pertencer a ele, defendendo-o na guerra e representando-o em competições. Todos buscavam a imagem do herói nessas situações, pois viam nele a mais pura e alta forma de humanidade.

Os espartanos se orgulhavam muito de sua coragem, dizendo que a vantagem que a natureza deu a eles os outros não poderiam conseguir pelo aprendizado, enquanto eles, pela prática, poderiam adquirir o conhecimento dos outros. Já os atenienses creditavam sua superioridade à bravura de seus cidadãos no momento de agir. Um bom exemplo dessa situação é a seguinte parte do clássico discurso de Péricles (*Hist. 2, 35-46*), no início da grande guerra contra os espartanos, no qual ele exaltou toda a grandeza de Atenas, relembrando seus antepassados e com isso justificando toda a bravura que eles teriam que ter no campo de batalha, incluído na obra de Tucídides (2001):

"(...) na educação, ao contrário de outros que impõe desde a adolescência exercícios penosos para estimular a coragem, nós, com nossa maneira liberal de viver, enfrentamos pelo menos tão bem quanto eles perigos comparáveis (...)" (Hist. 2, 39).

Com o tempo era justificável que a demonstração de *areté* sofresse transformações, o que de fato ocorreu com as mudanças na vida econômica, com o aparecimento da moeda e as transições das classes sociais, restando apenas ela ao homem verdadeiramente nobre.

Na obra *Anácarsis* de Luciano, citado por Sólon (apud Cabral, 2004) temos outro bom exemplo desse estilo de educação:

"(...) e nós obrigamos os homens a exercitarem seus corpos não apenas para os Jogos, para que eles possam conquistar os prêmios – pois bem poucos deles chegam até estes – mas porque esperamos obter um bem muito maior para a cidade e para eles próprios".

Essa visão de mundo induzia ao princípio do *kalokagathia*, que representava uma formação espiritual consciente, desenvolvido sobre os ideais do espírito bom e justo de Sócrates e Platão. De forma qual, o agradável deve ser pura e simplesmente feito por causa do bem e não o inverso (Jaeger, 2003).

Segundo o mesmo autor, a *Paidéia*, que no início era símbolo da educação dos jovens, a partir do século IV *a.C.* passou a se relacionar com as formas e criações espirituais e com o tesouro completo de sua tradição cultural. A educação se dava desde o nascimento, com a ama, o pai, a mãe e o *didáskalos,* ensinando o que era justo e injusto, belo e feio. Na escola, as crianças aprendiam a ordem, o conhecimento da leitura e da escrita e o manejo da lira, de forma que o mestre ensinava-lhes poemas e, pela música, os afastavam das más ações. Seguia-se a educação com os estudos dos poemas líricos, introduzindo o ritmo e a harmonia na alma dos jovens, para que estes soubessem dominar-se. Mais tarde, os *paidotribas* (educadores) os ensinavam na escola de ginástica, onde eram fortalecidos os corpos para que fossem servos fiéis de um espírito vigoroso e que não fracassassem na vida por culpa da debilidade do corpo. A educação única começava quando o jovem saía da escola e entrava na vida do Estado, vendo-se forçado a conviver com as leis, modelos e exemplos. Platão (apud Jaeger, 2003) questionava esse sistema por acreditar que as crianças poderiam ser levadas a pensar que os educadores eram seus reais progenitores, temendo que quando descobrissem que não o eram, poderiam pôr em dúvida tudo aquilo que aprenderam, entretanto, nenhum exemplo foi encontrado para sustentar esse pensamento.

A cultura ateniense deveu sua expansão às vitórias de guerra em Maratona e Salamina, que tiveram um papel fundamental em seu fortalecimento e, mesmo depois de passado muito tempo, as lutas de seus ancestrais continuavam incentivando as gerações mais novas. Durante a Guerra do Peloponeso, o discurso de Péricles, citado por Tucídides (2001) ilustra o valor dessa vitória:

> *"(...) Foi assim que nossos pais enfrentaram os persas, embora não tivessem tanto recursos como nós, e tendo que abandonar até os que possuíam; mais por sua vontade que por sorte, e com coragem maior que sua força, repeliram o bárbaro e nos levaram a grandeza presente. Não devemos ficar atrás deles, e sim*

defender-nos contra nosso inimigo com todos os recursos disponíveis, para entregar a posteridade um império não menor (...)" (1, 144).

Porém, com o passar do tempo, o povo ateniense, apesar de bem educado nos moldes das gerações vencedoras de Maratona, foi negligenciando a educação do corpo e do espírito, fazendo com que os anciões sentissem um misto de vergonha e tristeza. A guerra já não era mais tão importante quanto a política, e esse era o conteúdo que estava sendo ensinado na escola.

De fato, a força militar direcionou a formação política da Grécia durante um bom tempo. Exemplo disso foi o poderio ateniense em todo o território grego por um longo período de tempo, o que levou os espartanos a decidirem-se pela guerra, ou seja, a força sempre muda de lado, mas não mudam as suas manifestações políticas, seus métodos de aplicação e seus efeitos. No que se refere às relações entre Estados, quando já não havia mais direitos claros, o que prevalecia era a força. Se o poderio entre elas se equivalia, a guerra era inevitável, e em caso de desequilíbrio entre os contendores, se dava o domínio. A fundamentação do direito do mais forte nas leis da natureza e a transformação dos conceitos de divindade, da guarda e da justiça nos modelos de autoridades e poderes terrestres, era tema constante de discussões entre os pensadores da época (Jaeger, 2003).

Todas essas questões estão relatadas na principal obra literária grega, *A Ilíada,* de Homero, onde é retratado um combate que, independente de ser por amor a Helena ou pela superioridade de Agamenon, se conseguiu reunir uma frota para atacar e tomar Tróia.

Diante desse quadro, estranho seria se a guerra não fosse algo inerente à vida dos gregos, que a aceitavam como ao nascimento e à morte. Os jovens da época eram iniciados em suas tensões por meio de jogos, cravados na educação para um bem maior. Daí a influência da guerra em todas as manifestações sociais, culturais e artísticas na opinião dos mais famosos pensadores da época.

Sendo assim, a formação do exército era uma questão social relativamente usual entre as Cidades-estados. Os cidadãos com idade entre 18 a 20 anos passavam por uma iniciação militar, tanto de exercícios *hoplitas,* isto é, de exercícios militares para soldados armados, quanto de combate leal. Escravos raramente eram armados, assim como as mulheres.

A prática atlética

Como as cidades estavam constantemente em guerra pelo domínio territorial, cada vez mais crescia a necessidade de haver homens capazes de defendê-las, ampliando o valor da imagem do homem guerreiro, situação devidamente representada nas esculturas da época. Associado a isso, existia a necessidade da prática da agricultura em um terreno acidentado, quase sem o auxílio de animais e instrumentos agrícolas, onde predominava a força humana, que exerceu importante papel para a construção desta imagem corporal.

Platão, em sua *"Critica à ginástica e à medicina"*, diz que a ginástica era praticada desde a infância como forma do enrijecimento dos guardiões da cidade e sua função não era primordialmente desenvolver as qualidades físicas dos atletas, mas sim desenvolver a coragem do guerreiro. Sua prática deveria estar sempre associada à música. Para o filósofo, a ginástica, assim como a música, educava a alma. Entendia o filósofo que apenas a prática da ginástica levaria o homem a uma dureza e firmeza excessiva e, por outro lado somente o exercício da música causaria uma excessiva delicadeza e falta de rigidez ao homem (Jaeger, 2003).

Assim também era considerada a prática da atividade física nas escolas: um meio de desenvolvimento corporal de suma importância, tanto quanto as aulas de música, poesia, ética, enfim, tudo o que propiciasse a formação completa do cidadão. Além de defender sua cidade nas guerras, os cidadãos também tinham que defender sua cidade nos grandes Jogos Públicos. Estes eram manifestações atléticas para as quais pessoas de toda a Grécia deslocavam-se para assistir e competir, sendo então o principal encontro para intercâmbio cultural entre as várias cidades-estados. Freqüentemente, a arte e a música tinham como motivo as batalhas e os encontros atléticos, retratando vencedores como heróis, imortalizando seus feitos (Godoy, 1996).

No entanto, as atividades atléticas não nasceram com os gregos. Há indícios de que o Egito foi o berço das demonstrações atléticas em um passado remoto, ainda que apresentasse pouco em comum com aquelas vistas posteriormente na Grécia. Heródoto (2001) afirma que os egípcios realizavam jogos gímnicos em honra aos heróis à maneira dos gregos, tendo sido Perseu a levar da Grécia este costume.

O primeiro local de desenvolvimento das práticas atlética em território helênico foi em Creta, no período minóico, sob provável influência egípcia. Nessa época essas atividades tinham caráter de entretenimento ou faziam parte de cerimoniais a algum deus, associando-se apenas mais tarde a rituais fúnebres. Após as invasões dóricas, Homero tornou-se a principal testemunha dos eventos atléticos daquele tempo, como os realizados em honra a Pátroclo, descrevendo com detalhes as competições de corrida de carros, pugilismo, luta, corrida pedestre, combate armado, lançamento de disco e dardo, e tiro com arco (*Ilíada*, canto XXIII). Foi também deste autor a descrição sobre a diversão do exército de Aquiles na praia lançando disco e dardo, e mais tarde sobre os eventos dos Feaceos para distrair Ulisses, nos quais competiram em corrida pedestre, luta, corrida de carro, lançamento de disco e pugilato (*Odisséia*, canto VIII), com Leodamente dizendo a Ulisses (Campos, 2002 e 2003; Homero, 2002; Rubio, 2001):

"(...) *Não há glória maior para um homem, enquanto está vivo, do que ele pode realizar com suas mãos e pés*".

A mitologia, então, nos apresenta alguns exemplos de Jogos realizados no passado helênico. Enquanto na *Ilíada* tem-se os Jogos como parte de um ritual fúnebre, na *Odisséia* eles são apenas para entretenimento (Cabral, 2004). Também no mito dos *Argonautas* observa-se uma prova de saltos organizada em Lemnos como parte de um ritual fúnebre, uma luta de pugilismo na tribo dos Bébrices e a invenção da prova do Pentatlo por Jasão, a fim de premiar seu amigo Peleu que sempre chegava em segundo lugar, como o atleta mais perfeito. Vemos também um acidente na prova do lançamento de disco onde Apolo mata sem querer Perseu, seu melhor amigo.

O costume de associar jogos atléticos a rituais fúnebres se estendeu por um longo período da história grega. O testemunho de Tucídides (2001), que viveu no quinto século antes de Cristo, mostra que após a morte de Brásidas, um dos líderes do exército espartano,

"*foi construída uma balaustrada em volta de seu túmulo, e desde então depositam junto a ele oferendas a Brásidas como a um herói, e o honram com jogos atléticos e sacrifícios anuais*" (Hist. 5, 11).

Heródoto (2001) também não deixa dúvidas:

"*A pitonisa ordenou-lhes realizar suntuosas cerimônias fúnebres às suas vitimas e instituir em sua honra jogos gímnicos e corridas de carro*" *(Hist. 1, 167).*

De início os Jogos tinham um caráter estritamente religioso, sendo realizados para homenagear as divindades em troca de proteção. Acreditavam que suas origens remontavam a época do reinado de Cronos, o que por si só já os tornavam sagrados. Tamanha era a sua importância, que se haviam guerras, estas eram interrompidas até o término dos Jogos, período denominado de "Trégua Sagrada" (*Ekekheiria*), e a infração desta trégua era considerada grave. Os espartanos, em 420 *a.C.*, ano da 90ª Olimpíada, foram impedidos de participar dos Jogos Olímpicos pelos eleus por considerá-los culpados de invadir Lêpreon durante a *Ekekheiria*, e como estes se recusaram a pagar a multa estipulada (duas minas por cada *Hoplita*) e pedir desculpas públicas, não tiveram sua inscrição aceita. Apesar do clima de tensão que se estabeleceu no santuário durante a realização dos Jogos, nada aconteceu, tendo os espartanos acatado com respeito a decisão dos organizadores (Tucídides, 2001 – *Hist, 5, 49-50*). O mesmo autor mostra uma reclamação contra o exército tebano, onde "*eles tentaram apoderar-se de nossa cidade em tempos de paz, e o que é pior, em período de festas religiosas*" *(Hist. 3, 56).* Os quatro principais Jogos Públicos da Grécia (Olímpicos, Píticos, Ístmicos e Nemeus) eram protegidos pela trégua, porém, muitas vezes os oponentes se aproveitavam da ida aos Jogos para visitar o território inimigo e conhecer seus planos para a guerra em andamento, como fizeram certa vez os atenienses em virtude dos Jogos Ístmicos (Tucídides, *Hist. 8, 10*, 2001).

O atleta era motivo de orgulho para sua família e sua cidade, e isso levava a um cuidado extremo com esse "patrimônio". Para tanto, o corpo era muito bem cuidado, sendo lavado sempre antes e depois dos exercícios e besuntado com óleo para a pele não se danificar com a longa exposição ao sol. Os ginásios, estatais, eram lugar onde se proporcionavam todas as condições de treinamento necessárias e repouso para os atletas. Heródoto (2001) em muitas passagens de sua *História* nos ilustra com exemplos acerca das honras atribuídas aos vencedores daqueles eventos (*Hist. 6, 35; 6, 36; 6, 57; 6, 70, 6, 122*), as quais Tucídides (2001) completa ao relatar o caso de Alcibíades:

"Os helenos, que consideravam a nossa cidade esgotada pela guerra, passaram a fazer uma idéia de sua grandeza muito além de seu poder real, diante da magnificência de minha exibição como emissário sagrado em Olímpia, pois entraram na pista hípica sete carros meus – mais do que qualquer outro concorrente individual até aquela época – e ganhei o primeiro, o segundo e o quarto prêmios, além de ter-me apresentado em tudo mais num estilo digno de minhas vitórias. De acordo com as tradições isto é uma honra, e pelos feitos se deduz o poder" (*Hist. 6, 16*).

Os Jogos eram a oportunidade de apresentação das habilidades físicas desenvolvidas pelos jovens e possuíam primordialmente um cunho religioso. Eram eventos onde os mortais poderiam demonstrar seu valor atlético em busca de uma aproximação com os Deuses. No início eram manifestações esporádicas quase sempre associadas a rituais fúnebres, e só posteriormente passaram a ter periodicidade definida e cada vez maior prestígio.

Nos locais onde os grandes Jogos eram celebrados – Olímpia, Delfos, Corinto e Neméia – as pequenas pátrias se fundiam em uma única, a qual os helenos, sem ainda possuírem conhecimento de seus limites, porque naquele tempo ninguém podia delineá-los, acreditavam pertencer: a Hélade (Cabral, 2004).

Por esse motivo, as datas dos Jogos eram escolhidas para reuniões importantes e assuntos da nação, como mostra Tucídides em *Hist. 3, 8:*

"(...) ouvindo dos Lacedemônios que deveriam se apresentar em Olímpia para que todos os membros da aliança pudessem tomar conhecimento de suas razões e deliberar (...)"

Quando territórios propunham trégua uns aos outros, os Jogos também eram escolhidos para tornar pública a decisão, fosse na implantação de lápides comemorativas ou na renovação do juramento (Tucídides, *Hist. 5, 18; 5, 47*).

Todos esses eventos levavam uma multidão às respectivas cidades e até chegar ao local da celebração normalmente era exigida uma longa caminhada, quase sempre em pleno verão. Durante os

Jogos, a fome e as más acomodações se misturavam ao excesso de público e a relativa desordem nos santuários. Quais motivos tinham o povo grego para suportar tudo aquilo? No início do período áureo dos Jogos Olímpicos, durante o século VI a.C., a Grécia estava sob o domínio espartano. Nessa ocasião o objetivo da educação não era selecionar um herói, mas sim formar uma cidade de heróis, de soldados dispostos a dar sua vida à pátria. De lá partia o princípio da *areté*, que era o conjunto de qualidades que fazia do homem um herói. Nas manifestações atléticas, esse princípio era visto sob a forma de belos rostos e corpos perfeitos e vigorosos, em que irradiavam força espiritual e nobres idéias. Os portadores dessas qualidades eram considerados seres superiores da criação, possuidores da chama divina. Por isso, era relativamente normal terem seus corpos oferecido aos deuses, ou até mesmo terem seus nomes confundidos com relatos mitológicos sob forma de semideuses. Na 18ª edição dos Jogos, em 708 a.C., a prova do *Pentatlo* passou a fazer parte do programa Olímpico, que consistia da corrida do *stádion*, salto em distância com alteres, lançamento do dardo e do disco e por último a luta, decidindo o campeão. Eram nessas provas que ficavam sendo conhecidos os "atletas perfeitos" e suas normas impediam que um especialista em apenas uma prova viesse a alcançar o triunfo. Com isso, o tempo de treino e a disciplina, associado a forma de disputa extremamente competitiva, levavam esses atletas a representarem os desejos e aspirações do grande público, tornando-os ídolos e motivos de referência, fazendo com que suas estátuas fossem freqüentemente alvos de adorações (Durantez, 1979).

Nos dois séculos subseqüentes, V e IV a.C., os espartanos começaram a se acomodar frente as suas conquistas, ao mesmo tempo em que houve uma ascensão de Atenas, motivada principalmente pelas suas seguidas vitórias sobre os Persas em Maratona, Salamina e Platea. Iniciou-se em toda a Grécia uma reestruturação das *Polis,* com o fortalecimento dos cidadãos e com ele a valorização da cidade, assim como de todos os processos de crescimento social, deslocando os interesses do âmbito militar para um maior favorecimento da sociedade. Pensadores, músicos e artistas, começaram a freqüentar os Jogos e a expor seus trabalhos, muitas vezes em forma de competição, e com isso iam conseguindo novos aprendizes. Os atletas, agora, eram educados desde pequenos em suas cidades, buscando uma formação completa, e tinham nos Jogos uma excelente oportunidade de demonstrar todo esse valor. O princípio de *areté* foi se transformando no de *kalokagathia*, o princípio da educação total do cidadão ateniense, pelo qual se buscava a perfeição do homem por ele mesmo, ser bom e belo. As exigências de participação nos Jogos, ao menos nos de Olímpia, favoreciam essa maior valorização do homem da cidade, e envolviam cinco aspectos: o competidor tinha que ser grego, para poder entender o significado transcendente da competição; não poderia ser escravo, a fim de poder ter o tempo necessário à sua preparação para as competições; ser legítimo de nascimento, e com isso possuir direitos civis; não ser desonrado; e ter treinado ao menos por dez meses em sua cidade natal e mais um mês em Elis, distante 57 quilômetros de Olímpia, onde eram treinados pelos próprios árbitros da competição (os *Helanódicas*), aprovando ou não suas participações (Durantez, 1979; Munguia, 1992).

No final do século IV a.C., Olímpia passava a representar cada vez mais um papel de assembléia nacional, fortalecendo a unidade grega, idealizada principalmente por Felipe da Macedônia, agora em hegemonia sobre a Grécia, e seguido pelo seu sucessor – Alexandre "O Grande" – ao mesmo tempo em que se assistia ao início do declínio do valor simbólico e religioso dos Jogos. A importância exagerada concedida às competições atléticas em relação aos outros valores humanos, assim como a grande importância imposta ao valor das cidades, foram os elementos primordiais da decadência helênica. Os interesses progressivos que as competições despertavam na massa, a idolatria aos campeões e a ânsia desmesurada pelo triunfo a qualquer custo levaram inevitavelmente ao profissionalismo (Munguia, 1992). Os atletas buscavam as honras e premiações materiais, assim como a especialização feria os princípios do *kalocagathia*, fazendo com que os corpos já não fossem mais tão belos e nem os espíritos tão bondosos. As competições dos "atletas perfeitos" do *pentatlo* foram substituídas pelos espetáculos sangrentos dos lutadores que, no início eram realizados para acalmar a cólera do espírito de Pélope. Estes espetáculos foram sendo transformados em programas cada vez mais concorridos para se apresentarem em todo o mundo Pan-helênico. Isso se deu principalmente com o final das Guerras do Peloponeso e com o crescimento das cidades, momento em que os governos perderam o controle da educação e instrução de seus cidadãos, e os treinadores estatais, os *Paidotribos,* foram gradativamente substituídos pelos treinadores particulares, que tornavam seus atletas cada vez mais especialistas em determinada prova. Some-se a isso as intenções políticas e a perda do temor a Zeus, que acabaram por definir o caráter de entretenimento dos Jogos.

Foi assim que durante todo o século III a.c., o mundo helênico sob o domínio macedônio e posteriormente romano, assistiu a participação de outros povos nos Jogos como conseqüência das conquistas territoriais. Enquanto os gregos continuavam com seus ideais de corpo perfeito e simétrico, honrando seus deuses, os romanos, em termos de propósitos e processos, inauguraram uma nova Era com outros ideais para os Jogos, caracterizada pela brutalidade e violência, principalmente no *pugilato* e no *pancrátio,* onde não era incomum ver um lutador perder a vida ou sair extremamente lesionado depois de um combate. Aos poucos os Jogos foram perdendo seu sentido original, deixando de ter um caráter religioso para ser apenas de diversão (Barrow e Brown, 1988).

Nos séculos seguintes até sua extinção as intenções dos novos dominadores levaram os Jogos a ficarem cada vez mais distantes daqueles propostos pelos gregos. Isso porque os invasores não compreendiam o significado sagrado da proposta original, passando a ser uma reunião dos novos imperadores que fomentavam o "circo" como panacéia para os males sociais presentes. Até mesmo a integridade do espetáculo foi corrompida, sendo cada vez mais freqüentes os casos de fraudes nas competições.

O último vencedor olímpico de que se tem notícia foi Filúmenos de Filadélfia, na Ásia Menor, em 369 d.C., após um período de quase 100 anos sem registros de vencedores. No entanto, existem evidências arqueológicas de que o Santuário foi preservado e remodelado nesse tempo, além de referências esparsas apontarem sobre ganhadores desta data até seu final definitivo (Cabral, 2004).

Essa situação se manteve até o ano 393 de nossa era, quando, por sugestão de San Ambrósio, bispo de Milão, o Rei Teodósio I decretou a extinção dos Jogos, por considerá-los uma festa pagã. Por mais quinze anos, até 408, eles foram realizados não oficialmente, até que Teodósio II ordenou a destruição de todos os templos de adoração a deuses, que ajudado por inundações do Alfeu e por mais dois fortes terremotos na região, puseram um fim definitivo nestes, que foram, provavelmente, as maiores manifestações culturais de toda a história (Durantez, 1979).

Considerações finais

Diante desses dados, é possível entender como a cultura corporal foi valorizada no período helênico, mostrando o porquê do significado de corpo saudável e do domínio social de indivíduos com essas características na Antiguidade (Elias e Dunning, 1995). A prática atlética era um meio de formação do indivíduo frente às regras sociais e podia ser tratada sob cunho militar, pedagógico e medicinal. Acreditava-se que a educação do físico levava o homem a explorar seu potencial na relação corpo-alma e em relação à natureza

Segundo esses autores, os grandes Jogos, inseridos em um contexto guerreiro, revelavam o indivíduo em sua totalidade, tanto em relação à força física quanto na grandeza moral. Aqueles eventos eram grandes festivais religiosos que movimentavam todo o território grego, e era justamente a religião que justificava a glória da recompensa, assim como a violência vista nos combates.

O surgimento dos grandes Jogos na Grécia fez com que a imagem do herói fosse também fortemente contemplada no ambiente esportivo, talvez pela condição que o diferenciava das diversas formas de arte. Até o final dos Jogos da Antiguidade, muitos heróis surgiram, e ficaram marcados para sempre na história.

Independentemente de qualquer período histórico, as características fundamentais do esporte são as mesmas, por mais distintas que sejam as manifestações socioculturais. Ele não faz parte de um tempo histórico, mas sim da multiplicidade das histórias regionais, de forma que a transição dos valores esportivos está muito mais associada à forma como a sociedade vê o mundo do que com as próprias mudanças de suas características.

Referências Bibliográficas

BAILLETTE, F.; BROHM, J. M. **Critique de la Modernité Sportive.** Paris, Passion, 1995.

BARROW, H. M.; BROWN, J. P. **Man and Movement - Principies of Physical Education.** Philadelphia, Leo & Febiger, 1988.

BRANDÃO, J. **Mitologia Grega.** v.I. Petrópolis, Vozes, 1996.

CABRAL, L. A. M. **Os Jogos Olímpicos na Grécia Antiga.** São Paulo, Odysseus, 2004.

CAMPBELL, J. **As Máscaras de Deus: Mitologia Ocidental.** São Paulo, Palas Athenas, 2004.

CAMPOS, H. **A Ilíada, de Homero.** V.I, 5ed. São Paulo, ARX, 2003.

CAMPOS, H. **A Ilíada, de Homero.** V.II, 3ed. São Paulo, ARX, 2002.

COMITÉ OLÍMPICO INTERNACIONAL. **Carta Olímpica.** Lausanne, 2001.

DURANTEZ, C. **Olímpia e los Juegos Olímpicos Antiguos.** Delegacion Nacional de Educacion Física e Deportes, Comitê Olímpico Espanhol, 1979.

ELIAS, N.; DUNNING, E. **Deporte y Ocio en el Processo de la Civilización.** Fondo de Cultura Económica. México, 1995.

GODOY, L. **Os Jogos Olímpicos na Grécia Antiga.** São Paulo, Nova Alexandria, 1996.

HERÓDOTO. **História.** São Paulo, Ediouro, 2001.

HOMERO. **A Odisséia.** Tradução de Antonio Pinto de Carvalho. São Paulo, Nova Cultural, 2002.

JAEGER, W. **Paidéia: A Formação do Homem Grego.** 4ed. São Paulo, Martins Fontes, 2003.

LAFER, M. C. N. **Hesíodo, O Trabalho e os Dias.** São Paulo, Iluminuras, 2002.

MÜLLER, N. **Olympic Education.** Barcelona, Centre d'Estudis Olimpics (UAB), 2004.

MUNGUIA, S.S. **Los Juegos Olimpicos, Educacioón, deporte, mitologia y fiestas em la antigua Grecia.** Madrid, Anaya, 1992.

RUBIO, K. **O atleta e o mito do herói.** São Paulo, Casa do Psicólogo, 2001.

TUCÍDIDES. **História da Guerra do Peloponeso.** Brasília, Editora Universidade de Brasília, 2001.

ARETÉ E FAIR PLAY:
PELA PEDAGOGIA DA MORAL OLÍMPICA

ADRIANO LEAL DE CARVALHO - DARIO APARECIDO CUSTÓDIO

Introdução

Na Antigüidade os Jogos Olímpicos eram uma excepcional ocasião de aproximação entre os diversos Estados gregos, constituíam a alma das relações interhelênicas, uma vez que equivaliam a verdadeiras assembléias gerais desse povo, e serviam de expressão à areté, que representava hombridade, valor que não era aprendido tanto pela transmissão de normas de conduta, mas pela prática da vida de pessoas valorosas. O Movimento Olímpico contemporâneo buscou, por meio do fair play reviver a areté grega. O fair play, ou jogo limpo, pautado na atitude cavalheiresca que predominava nos primórdios do esporte na Inglaterra, sofreu profundas transformações em seu ideário ao longo do século XX.

A *areté* representava a condição espiritual das almas mais elevadas unida à sua capacidade de ação. Apresetando uma equivalência com o adjetivo latino *virtus*, a *areté* representa hombridade ou valor e está atrelada ao conjunto de qualidades que rotulam normalmente um herói. O adjetivo *agathós* (bom), que corresponde ao substantivo *areté*, é aplicado ao homem que reúne as qualidades de teterminação e nobreza àquele que tanto em sua vida particular como nas lutas guerreiras pratica regras de conduta ideais, inatingíveis ao comum dos mortais. Algumas qualidades como por exemplo o vigor, a saúde, a beleza, a força e a destreza são considerados expressões da *areté* do corpo, ao passo que a sagacidade, a bondade, a prudência, o senso de justiça, o amor às artes e a agudeza mental são *areté* do espírito.

Vista como o mais antigo valor humano da cultura grega a *areté* é anterior ao próprio conceito de Paidéia (Jaeger, 1995). Homero via neste aributo um requisito imprescindível para ser nobre, ao que se une o prestígio social e a capacidade econômica que lhe permite manifestar sua generosidade. Estes requisitos converteram a *areté* inicialmente em patrimônio exclusivo da aristocracia. O código de honra da nobreza cavalheiresca exigia valor, generosidade e grandeza de espírito em todas as manifestações vitais, não bastando para isso distinguir-se. Era preciso ser o primeiro em tudo e estar sempre disposto a aceitar toda confrontação e isso exigia competição. A vida do competidor transcorria em um constante agonismo. A condição vitoriosa era a confirmação da sua *areté*. Sobressair, ser superior aos demais, alcançar a glória e a honra constituíam as aspirações máximas de todo homem. E não se tratava de um individualismo egoísta que cifrava seus ideais no amor a si mesmo, senão na busca incessante pelo absoluto da beleza e do valor. A *areté* era pois a auto-afirmação da própria personalidade, sua realização era a luta contra tudo que tentava impedi-la.

Ainda segundo Homero, a característica essencial do nobre era o sentido de dever, já que estava convencido de que os privilégios que herdou de seus antepassados heróicos só podiam ser mantidos mediante a prática das virtudes daqueles que os conquistaram.

A honra, no princípio, era um conceito inseparável da habilidade e do mérito. O homem do período homérico tinha consciência de seu próprio valor somente através do reconhecimento que a sociedade que o circundava tinha dele. Por sua vez a sociedade a qual o sujeito pertencia definia, com seu elogio ou desaprovação, a *areté* de um indivíduo.

Inicialmente, a *areté* não se aprendia tanto pela transmissão de normas de conduta, mas pela prática da vida de cidadãos valorosos, daí o respeito que tinham do grupo social. Posteriormente esses valores passaram a ser questionados e chegou-se a entender que a *areté* poderia ser ensinada.

Mas, foi na celebração da agonística durante os Jogos Públicos, que a *areté* pode ser discutida dentro das atividades atleticas. O *agón* simbolizava toda luta na qual se enfrentavam dois adversários a desafios de força ou de destreza, a debates em assembléias públicas, a processos perante a justiça, a rivalidades no campo de batalha e, sobretudo, aos concursos de todo tipo que acompanham as grandes festas nacionais e religiosas (Munguia, 1992, Rubio 2001). Durantez (1975) afirma que o *agon* está presente em toda atividade em que o confronto ou a mútua oposição entre os protagonistas que dela participavam se manifestava, apresentada em forma de disputa pacífica ou amistosa, própria e característica do certame esportivo.

No entender de Brandão (1999) a *agonistiké* tem o significado de luta, de disputa atlética, e que *agón* quer dizer "assembléia, reunião", e posteriormente "reunião dos helenos para os grandes Jogos Públicos". Ou seja, os Jogos eram tidos como um grande certame agonístico, graças ao espírito competitivo de luta e de superação. A competição em si, aliás, era considerada pelos gregos como um princípio vital, não apenas pelo rendimento ambicionado, mas pela independência de todo objetivo. O indivíduo crescia e se desenvolvia dentro de um espírito criador, sendo formado para competir. Logo, a rivalidade fazia parte do cotidiano em suas vidas, não apenas em situações onde era fácil a determinação da vitória ou da derrota, mas também em situações como a criação artística. Para o homem grego, o valor da dignidade de uma competição não residia nos resultados, e sim no espírito guerreiro e competitivo para o alcance de um objetivo que envolve superação e esforço.

Os certames agonísticos gregos, celebrados em honra de deuses e de heróis, permitiam apresentar as habilidades dos desafiantes. Provavelmente, conforme Munguia (1992), esses concursos tinham certo significado mágico religioso em que o vencedor se convertia em herói, mas que serviam para render culto à memória de outro herói. Nestes jogos solenes, organizados e regulamentados meticulosamente, se manifestava o gosto pelos exercícios físicos, e neles era exaltada a *areté* dos participantes e a cortesia com que se respeitava o adversário vencido. Nesta rivalidade, reservada aos guerreiros, as regras de honra não excluíam a astúcia que permitia a vitória, sinal evidente das qualidades do atleta e da ajuda divina (Rubio, 2001).

A reação entre *areté* e *fair play*

Citado pela primeira vez por William Shakespare em 1595, sem vínculo algum com o fenômeno esportivo (Mangan, 1996), o *fair play* tornou-se um manifesto na defesa daqueles que defendem o esporte como mais do que uma atividade competitiva e mais do que a vitória a qualquer custo. Seu conceito pode ser entendido como

> *A adesão voluntária às regras esportivas, princípios e códigos de conduta, obedecendo o princípio da justiça e renunciando a vantagens injustificadas. A "Educação Olímpica" seria como uma "escola de cavalheirismo prático", ensejando a oportunidade de aprender que o sucesso é obtido não apenas através do desejo*

e da perseverança, mas também que é consagrado unicamente através da honestidade e da justiça (Gruppe, 1992: 136).

De acordo com Rubio (2006) o esporte moderno resultou de um processo de esportivização da cultura corporal de movimento e de jogos das classes populares e da nobreza inglesa. Para se compreender o processo que desencadeou o que se conhece hoje como *fair play* é preciso retmoar esse preocesso.

Na Europa, até o final do século XVIII a atividade esportiva ainda era um privilégio exclusivo da aristocracia inglesa, fato que começou a se transformar com a ascensão da burguesia, alterando o curso da prática do esporte em direção a outras camadas sociais (Grifi, 1989, Mangan 1996). Thomas Arnold, fundador do Colégio Rugby utilizou-se desses jogos aristocráticos como conteúdo pedagógico marcarando marcando não apenas o inicio da codificação das modalidades praticadas como a utilização do esporte como prática pedagógica.

Os estudantes das *public-schools*[1] promoviam seus próprios jogos, mesmo sendo proibidos por serem considerados violentos e perigosos. As conquistas políticas e sociais burguesas alteraram todo esse mecanismo e a prática esportiva pôde se tornar acessível a um número maior de pessoas.

As escolas públicas inglesas se transformaram em grandes formadoras de líderes que foram trabalhar na indústria, no exército, na política, nas empresas comerciais e na administração das colônias, e a influência social do esporte era enfatizada para promover o senso de cooperação, liderança, lealdade, disciplina, iniciativa, entre outras qualidades necessárias para os líderes do velho e do novo mundo. Estavam lançadas as bases para o ressurgimento da *areté* esportiva dos antigos gregos agora denominada o *fair play*

Influenciado pelo sistema educacional e esportivo inglês[2], Pierre de Coubertin incorporou ao seu ideário olímpico a noção do comportamento cavalheiresco no esporte. Foi nesta fonte que ele

---

[1] As *public schools* inglesas eram escolas britânicas, onde os filhos dos aristocratas ingleses estudavam. Eram chamadas de públicas pelo fato de as crianças deixarem de ser educadas por preceptores em suas próprias residências (privadas) passando a compartilhar desse espaço com outras crianças (público).

[2] Neste caso, nos referimos à Hippolyte Taine *Notes sur Angleterre* e pela própria metodologia arnoldiana da Rugby School.

buscou referência para discutir o conceito de *fair play* que presume uma formação ética e moral daquele que pratica e se relaciona com os demais atletas na competição, e que este atleta não fará uso de outros meios que não a própria capacidade para superar os oponentes. Nessas condições não há espaço para formas ilícitas que objetivem a vitória, suborno ou uso de substâncias que aumentem o desempenho.

Avançando um pouco no tempo, em 1976, o Comitê Olímpico Internacional entendeu que *fair-play* seria a manifestação das ações de todos os atores sociais envolvidos com o Movimento Olímpico e suas manifestações, recusando a vitória a qualquer preço. Pode-se entender, portanto, que o *fair play* cabe a todos os envolvidos na prática esportiva, não apenas aos atletas. Nessa proposta busca-se também o respeito ao oponente e a si próprio, o que sugere valores tais como honestidade, lealdade, respeito ao adversário e respeito e colaboração com o árbitro.

Pierre de Coubertin entendia o *fair play* como uma espécie de oposição à vitória a qualquer preço (Müller, 2000), que segundo o Barão denegria a imagem do esporte, acarretando uma obsessão pela competição e pela vitória, causando no competidor sentimentos de inveja, de vaidade e desconfiança, além de estimular o vício pelo jogo. Ele considerava que a prática do esporte junto a uma competição demasiadamente aguerrida promovendo o belo, o saudável e o harmonioso era apenas ilusão.

Cabe aqui observar que o Código de Ética Esportiva do Conselho da Europa (1996) afirma que o *fair-play* vai muito além de um simples comportamento, representando um modo de pensar, envolvendo respeito mútuo, amizade e espírito esportivo, lutando contra o *doping*, a corrupção, a desigualdade de oportunidades, a astúcia e a violência, tanto verbal como física. Com isso Tavares (1999) questiona se as mudanças socioculturais não representariam a necessidade de novas contextualizações e interpretações para o *fair play* moderno.

Curiosa esta indagação, que sugere atualizações e adaptações para definir um conceito que supostamente continua sendo o mesmo. Em princípio parece um paradoxo, mas é apenas reflexo de uma nova interação entre o conceito mesmo e o mundo contemporâneo que carrega as características de constantes transformações.

Entre a regra estabelecida e sua transformação em comportamento social há um hiato que levou Lenk (1976) a conceituar o *fair-play* de duas maneiras: o *fair play formal*, relacionado diretamente ao cumprimento de regras e regulamentos que o participante da competição deve cumprir; e o *fair-play não formal* que se relaciona ao comportamento pessoal e aos valores morais do atleta e daqueles envolvidos com o mundo esportivo. Não está limitado por regras escritas e é legitimado culturalmente. A ausência de uma regulamentação oficial confere a ele um caráter subjetivo.

Assim como o conceito de amadorismo foi abolido ou esquecido do Olimpismo, assistimos a uma mudança expressiva no que se refere também ao *fair-play*. Tavares (1996) justifica essa transformação por causa das mudanças nos valores tradicionais ligados à prática esportiva nos últimos trinta anos. Parece acaso, mas esse período de tempo coincide justamente com o fim do amadorismo e o início do profissionalismo no esporte, conferindo uma nova moral, ao Olimpismo.

A prática do *fair play*

Um comportamento exemplar enquanto cidadão coincide proporcionalmente a um comportamento esportivo de acordo com o espírito do *fair play* e de suas regras formais e não-formais. O Esporte como fenômeno que equilibra razão, emoção e espiritualidade, busca promover uma mobilização em prol do pensamento ético de seus envolvidos (Portela, 1999)

Uma forma interessante de se discutir a necessidade do *fair play* é ver a si próprio no adversário. Como apenas há competição se houver adversário, nenhuma vitória ou conquista esportiva de nenhum atleta pode ser mais importante do que a própria celebração do evento. Isto é, a tentativa da vitória e da possível conquista da condição heróica não supera a magnitude que é o evento do qual o atleta participa. Nenhuma agremiação esportiva será mais importante do que os esportes e os espetáculos esportivos dos quais o atleta participa. Nada mais nobre, portanto do que lembrar que para haver vitoriosos e campeões, faz-se necessário que existam derrotados, admitindo-se assim a existência de um adversário (Cox, 1999). Ou ainda que para fomentar a superação de si mesmo é preciso que haja o outro como referência e que não se pode vencer sempre. Por mais vitoriosa que seja uma história no esporte, sempre haverá derrotas e obstáculos. O que se quer afirmar com isso é que diante de todos esses aspectos o atleta deve se colocar no papel do oponente. A necessidade do respeito mútuo é alicerce do *fair play* (Mataruna dos Santos e Tercitano, 2002). O *fair play*, como um dos pilares do Movimento Olímpico, possui o desafio de ser utilizado como um modelo moral junto a um universo múltiplo de realidades culturais e sociais. Tal desafio se confirma nas palavras de Abreu (1999), que afirma que os Jogos Olímpicos foram criados sob uma perspectiva multicultural apesar de sua filosofia e pressupostos históricos terem raízes no pensamento ocidental. Associada à prática esportiva e ao ensino da Educação Física tal questão poderia ser entendida como um desafio para o professor ou para o técnico (Constantino, 2002, Loland, 1995). Realizar essa tarefa é no entender da Unesco a responsabilidade mais importante de um professor de Educação Física, já que o conceito de "jogo limpo" possui diversos objetivos coincidentes até mesmo com o Parâmetro Curricular Nacional (PCN) para o Ensino Fundamental, principalmente no que se refere à ética. (Beresford, Botelho e Oliveira, 2002).

Há quem discuta a eficiência de um código moral de conduta universal na prática esportiva já que o conceito de homogeneidade cultural foi superado (Giroux, 1995). O *fair play* poderia em princípio se tornar algo discutível frente aos inúmeros prismas de "verdade", tão discutidos nos estudos da Ética, do Direito, entre outras ciências. Mas como volta a afirmar Abreu (1995), no decorrer do século XX, o Movimento Olímpico evoluiu, revelando contradições relativas aos seus valores quando expostos ao meio da diversidade cultural.

Referências Bibliográficas
ABREU, N. G. **Multicultural Responses to Olympism.** Tese de Doutorado, Programa de pós-graduação em Educação Física, Universidade Gama Filho, 1999.

BERESFORD, H., BOTELHO, R., OLIVEIRA, R. C. Uma sondagem sobre o tema fair play no contexto da produção acadêmica do curso de graduação do Instituto de Educação Física e Desportos da Universidade do Estado do Rio de Janeiro. In: Turini, M. & DaCosta, L. **Estudos Olímpicos.** Rio de Janeiro: Editora Gama Filho, 2002.

BRANDÃO, J. **Mitologia grega.** v. *I* Petrópolis: Vozes, 1999.

CONSELHO DA EUROPA **Código de Ética Esportiva.** Oeiras: Câmara Municipal de Oeiras, 1996.

CONSTANTINO, M. T. Análise de atividades de fair play em olimpíada escolar como reforço do desenvolvimento do espírito esportivo. In: Turini, M. & DaCosta, L. **Estudos Olímpicos.** Rio de Janeiro: Editora Gama Filho, 2002.

CONSTANTINO, M. T. A prática do fair play no contexto da culturalidade. In: Turini, M. & DaCosta, L. **Estudos Olímpicos.** Rio de Janeiro: Editora Gama Filho, 2002.

COX, G. **The dictionary of sport: a complete guide to the vocabulary of the world's leading sports.** Italy: Carlton Book, 1999.

DURANTEZ, C. **Olímpia y los Juegos Olímpicos Antiguos.** Pamplona: Delegación Nacional de Educación Física y Deportes/ Comité Olímpico Español, 1975.

GIROUX, H. A. Praticando estudos culturais nas faculdades de educação. In: SILVA, T. T. (org). **Alienígenas na sala de aula. Uma introdução aos estudos culturais em educação.** Petrópolis: Vozes, p. 85-103, 1995.

GRIFI, G. **História da educação física e do esporte.** Porto Alegre: D. C. Luzzatto Editores, 1989.

GRUPPE, O. The sport culture and the sportization of culture: identity, legitimacy, sense and nonsense of modern sport as a cultural phenomenon. In: Landry, F., Landry, M., Yerles, M. (eds.) **Sport the third millenium.** Quebec: Les Presses de l'Université Laval, 1992.

JAEGER, W. **Paidéia – A Formação do Homem Grego.** São Paulo, Martins Fontes, 1995.

LENK, H. Toward a social philosophy of the Olympics: values, aims, and reality of the modern Olympic movement. In: Graham, P.J. & Ueberhorst, H. (eds.) **The modern Olympics.** West Point, NY: Leisure Press, 1976.

LOLAND, S. Fair Play – Historical Anachronism or a topical ideal? **International seminar on philosofical issues in sport and Physical Education.** 17-19 March, 1995.

MANGAN, J. A. **The games ethic and imperialism.** New York/ Middlesex: Viking Penguin, 1996.

MATARUNA DOS SANTOS, L. J. & TERCITANO, M. V. Promoção do espírito Olímpico no tênis: da formação inicial nas ruas ao esporte de alto rendimento. In: Turini, M. & DaCosta, L. **Estudos Olímpicos.** Rio de Janeiro: Editora Gama Filho, 2002.

MÜLLER, N. **Olympism selected writings.** Lausanne: Comitê Olímpico Internacional, 2000.

MUNGUIA, S. S. **Els Jocs Olímpics a la Grécia Antiga.** Barcela: Editorial Barcanova, 1992.

PORTELA, F. Contrapondo teorias da formação ética e a prática do fair play. In: O. Tavares & L. P. DaCosta (eds) **Estudos Olímpicos.** Rio de Janeiro: Editora Gama Filho, 1999.

PUGH, G. E. **Behavioral science and the teaching of human values.** Hamburg: International review of education, Unesco, 1980.

RUBIO, K. **Medalhistas olímpicos brasileiros: memórias, histórias e imaginário.** São Paulo: Casa do Psicólogo, 2006.

TAVARES, O. Algumas reflexões para uma rediscussão do fair-play. In: O. Tavares & L. P. DaCosta (eds) **Estudos Olímpicos.** Rio de Janeiro: Editora Gama Filho,1999.

TUBINO, M. J. G. **Esporte e cultura física.** São Paulo: Ibrasa, 1992.

OLIMPISMO, EDUCAÇÃO E MEIO AMBIENTE

Carolina Bonzo - Marília Bandeira

Introdução

A produção acadêmica vem empreendendo iniciativas no que se refere às relações entre Educação Física e meio ambiente com certa timidez ao longo do tempo. Agora, intensificado pelos novos paradigmas apresentados pelos, cada vez mais variados, esportes e práticas de aventura na natureza nos deparamos com maior interesse acerca do tema.

A legitimidade desta investigação para a área é reconhecida ao passo que se percebe ser indispensável ler a realidade a partir da análise das relações do homem com seu corpo, com o corpo do outro e destes corpos com seu meio construído e natural.

Contudo, observa-se ainda a disseminação incipiente de conhecimentos que dêem conta do Movimento Olímpico nesta relação, em sua maioria restritos ao viés do impacto da realização dos Jogos Olímpicos nos ecossistemas de cidades sede e seu entorno e da implementação da infraestrutura necessária levando em conta critérios ambientalistas.

Este trabalho pretende partir de perspectiva outra, a da Educação. Tomando como objetivo lançar uma introdução ao assunto, decidimos zelar pela elaboração de conceitos consistentes no âmbito da interação Educação, Educação Ambiental e Educação Olímpica. Acreditamos, então, estruturar este trabalho como apontamento para outras discussões.

Educação

Educação é entendida aqui, como a transmissão de uma herança cultural pública particular no momento histórico em que se situa, e que deve permitir aos indivíduos a apreensão e a possibilidade de interferência crítica na realidade.

Compreendemos que o ser humano não nasce pronto, com todas as características e produtos históricos apropriados e interiorizados, e por isso deve passar por um processo de formação, que se dá ao longo de sua vida para a elaboração de condutas e significações; é, portanto, inacabado como diz Paulo Freire (1996:50).

... só entre mulheres e homens o inacabamento tornou-se consciente. A invenção da existência a partir dos materiais que a vida oferecia levou homens e mulheres a promover o suporte em que os outros animais continuam, o mundo.

Assim, a ação educativa engloba o ensino de conteúdos, patrimônio acumulado historicamente, mas também a formação política, visto que toda iniciativa formadora detém a influência e a capacidade influenciadora do discurso ideológico de sua época. A Educação formal é, portanto, um subsistema de um sistema maior.

Educar é ensinar e humanizar. No que se refere aos conteúdos, *ensinar não é transferir conhecimento, mas criar as possibilidades para a sua produção ou a sua construção* (Freire, 1996: 22). E humanizar é incitar a formação crítica, reflexiva e criativa do indivíduo que é capaz de recriar ou refazer o ensinado. É sensibilizá-lo frente ao *mundo*, conscientizar para libertar.

Qualquer proposta educativa tem, como objetivo principal e, portanto, projeto maior, a humanização. Desta forma, toda a ação pedagógica deve perseguir um projeto de sociedade, disseminar valores e consolidar a ética.

E a ação ética tem sua necessidade fundamentada no processo humano e irreversível da criação do *mundo* pela elaboração da linguagem conceitual, da inteligibilidade e da comunicabilidade do inteligido, da inquietação diante do mistério da vida.

O *mundo* é significação, elaboração cultural, complexo de realizações e instituições às quais os novos seres devem ser iniciados. E, segundo Arendt (1972), a essência da Educação é o fato de que seres nascem para o *mundo*.

Desta forma, assumir a inconclusão do ser humano implica no aprendizado contínuo de tradições, valores, modos e saberes necessários ao pertencimento a um *mundo* comum. E dando-se conta das conseqüências de seus atos, intervindo e criando este *mundo*, *já não foi possível existir a não ser disponível à tensão radical e profunda entre o bem e o mal, entre a dignidade e a indignidade, entre a decência e o despudor, entre a boniteza e a feiúra do mundo... (Freire, 1996: 52)*

Ao perceber que a base da ação humana é também a racionalidade, mas fundamentalmente o afeto,

... já não foi possível existir sem assumir o direito e o dever de optar, de decidir, de lutar, de fazer política. E tudo isso nos traz de novo a imperiosidade da prática formadora, de natureza eminentemente ética. (Freire, 1996: 52).

Sustentada por princípios éticos a Educação é premida pelo comprometimento com a formação do ser autônomo, aquele que pondera suas atitudes, que conhece suas implicações e sabe viver as conseqüências de suas próprias decisões. Deste modo, a promoção da autonomia se dá no espaço de convivência social por relações justas, sérias e humildes, que respeitam as condições em que os grupos humanos existem, reconhecendo os conhecimentos anteriores com os quais os mesmos chegam ao espaço educativo e possibilitando aos educandos decidir. O indivíduo que exercita sua liberdade ficará tão mais livre quanto mais eticamente for assumindo a responsabilidade por suas escolhas.

E é no domínio das decisões, da avaliação, da liberdade, da ruptura, da opção, que se instaura a necessidade da ética, e se impõe a responsabilidade. A ética se torna inevitável e sua transgressão possível é um desvalor, jamais uma virtude. (Freire, 1996: 18).

À formação humana compete a estruturação de modos apropriados de agir, assim, segundo Meinberg (1997), a ética depende da pedagogia. E para a ação ética é preciso direcionar a Educação a favor do educando pelo direito à indagação, à crítica, à indignação e à opção. Sendo assim, a cidadania se faz não conteúdo, mas condição primeira da Educação. A formação dos cidadãos é, neste contexto, a própria Educação.

É legítimo, então, o zelo por uma ética comum, que assegure ao cidadão sua integridade e que, ao proteger o individual e o privado dê margem para a reestruturação do público, do *mundo* comum.

O exercício político é função do ser cidadão, e ao cidadão deve-se o acesso aos bens materiais e simbólicos, para no *mundo* dar-se sua inserção e intervenção.

Por cidadão, entende-se o indivíduo político, crítico, ativo, capaz de tomar decisões adequadas para si e para os outros, comprometido com a ética e com as decisões acerca da vida social como produção coletiva.

A inserção no *mundo* precedida por princípios éticos é o eixo da ação autônoma e cidadã, e, portanto, objetivo da pedagogia da autonomia de Freire (1996), que afirma: *Ninguém é sujeito da autonomia de ninguém*. A formação do cidadão se dá através do reconhecimento pelo indivíduo de seu pertencimento a um grupo, à sociedade, ao *mundo*, e no responsabilizar-se por ele.

Responsabilidade educacional

... se careço de responsabilidade, não posso falar em ética. *(Freire, 1996:19)*.

Para Arendt (1972), o exercício político é o da responsabilidade pelo *mundo*, que é conferido àquele que nele já foi introduzido, e que assume esse *mundo* como seu, o que legitima suas intenções nos processos de preservação e mudanças das tradições e instituições sociais pela prática de uma crítica livre.

Boff (2003) aponta a crise, no caso ecológica, deste *mundo* e vê como solução a revolução ética, que se pretende um direcionamento dos comportamentos e a ruptura com o estranhamento da esfera ambiental da vida humana, pautado nos valores básicos advindos do afeto: solidariedade, compaixão, cuidado e responsabilidade.

Entendemos, portanto, a responsabilidade como pressuposto e/ ou elemento inerente à formação dos cidadãos. Responsabilizar-se seria tomar para si, assumir influências, proteger, cuidar. Sendo condição da humanização, deveria ser eixo norteador de toda ação e criação humanas e ocupar o cerne do processo educativo.

A questão da responsabilidade social, tema do presente livro, tem sido assunto recorrente e preocupação crescente nas diversas esferas da vida em sociedade, porém reflete mudanças de sentido e restrições de significado variantes com o contexto em que está inserida.

Preocupante é a limitação do conceito de responsabilidade social em voga, pautado nas concepções da lógica de mercado, freqüentemente associado a iniciativas pontuais, vinculadas à gestão empresarial e atreladas ao marketing de negócios.

A responsabilidade social é, também, reduzida quando relacionada apenas às questões interpessoais, fazendo-se necessária a evocação de novo termo, a responsabilidade ambiental que, advinda do conceito de desenvolvimento sustentável remete às questões da ecologia, do meio ambiente e de sua preservação.

Estabelecida em 1987, a definição de desenvolvimento sustentável busca satisfazer as necessidades do presente sem comprometer a capacidade de futuras gerações satisfazerem suas próprias necessidades (Reis & Bruno, 2005). Mas esquece que além da preservação de recursos naturais e ambientais, o desenvolvimento econômico, social e político que beneficie os grupos mais desfavorecidos seria, também, um de seus pilares (Tarradellas & Behnam, 1999).

Como possibilidades de ação, coexistentes e emancipadas, as responsabilidades fragmentadas tornam-se alternativas distintas para galgar resultados econômicos pelas empresas através da confecção de sua boa imagem frente aos consumidores.

Assim, é apresentada pela mídia, a nova expressão cunhada para explicitar a preocupação das instituições no que se refere a ambas as esferas da ação filantrópica, a responsabilidade sócio-ambiental, que agrega duplo valor às iniciativas empresariais.

Entretanto, parece existir um distanciamento entre o discurso e a ação e suas reais motivações. Dá-se um ajuste às novas normas elaboradas pelo exercício intelectual sem seu entendimento visceral. Busca-se a incorporação do argumento do "correto" apenas visando à aceitação do grupo.

Reconhecendo este fenômeno, não como regra, mas, tratando-o em sua maior expressão, observa-se a elaboração de alternativas apenas amenizadoras e localizadas para os problemas ambientais alimentados pela ordem sócio-econômica já estabelecida.

Sem vislumbrar soluções, a responsabilidade sócio-ambiental empresarial apresenta-se hipocritamente estéril visto que a interiorização efetiva da responsabilidade não é passível de elaboração desvinculada do processo educativo.

Têm então as responsabilidades como jargão e a intenção de elaborar uma imagem positiva de si (pessoal ou empresarial) frente ao mundo e não o sentimento de pertencimento a este *mundo*. A responsabilidade deveria, portanto, ser abarcada no desenvolvimento de uma ética comum, pré-requisito para a humanidade.

... *mais do que um ser no mundo, o ser humano se tornou uma presença no mundo, com o mundo e com os outros... Presença que se pensa a si mesma, que se sabe presença, que intervém, que transforma...* (Freire, 1996: 18)

Portanto, a responsabilidade compreendida pela ética não pede adjetivos ou complementos. Detém, por si só, a abrangência da intenção decente e esperançosa das ações humanas, que precisa fundir e confundir o que diz respeito às esferas social e ambiental. Seria, então, responsabilidade educacional educar para a responsabilidade.

Educação e meio ambiente

Ao passo que foi sendo denunciado o desequilíbrio ecológico mundial por meio do levantamento de questões tais como a urbanização, o crescimento populacional, o desenvolvimento tecnológico, o aquecimento global e a utilização predadora dos recursos naturais, houve uma mobilização internacional a favor da sobrevivência da vida humana no planeta.

Fato é que as diferentes formas de ocupação do espaço e os distintos sistemas econômicos interferem na dinâmica natural dos sistemas ecológicos. Assim pautadas, as iniciativas neste sentido apropriaram-se do conceito espacial de natureza e do caráter conscientizador da preservação, promovido por ações pragmáticas da responsabilidade ambiental.

Apontando uma necessidade de reflexão conceitual, é senso comum utilizar os conceitos de natureza e meio ambiente, em sua maioria, como noção que remete a determinada localidade, exterior e distante da "realidade" dos indivíduos, afastada do seu *mundo*.

Em geral, traduzidos em ações empresariais e em programas de educação ambiental (formal e não formal) estes conceitos, advindos do pensamento antropocêntrico e da relação de dominação da natureza pelo ser humano, têm posto a questão ambiental como ameaçadora à existência humana, quando o mais sensato seria ocupar-se de uma questão muito mais ampla que é a sobrevivência do *mundo*.

O conteúdo da educação ambiental nestes moldes é, então, restrito e tem caráter complementar às demais ações educativas. Encarrega-se, sob este viés, da transmissão de conhecimentos sobre ecologia e normas determinadas a serem seguidas, vazias de reflexão. Esta educação ambiental apresenta uma visão fragmentada tanto de meio ambiente quanto de Educação.

É nesta direção que Reigotta (2004) nega a referência naturalista de meio ambiente e exalta a complexidade das relações humanas e ambientais. Propõe um conceito de meio ambiente tão próximo quanto correspondente ao conceito de *mundo*, que encontra no sentido do pertencimento, e conseqüente assunção da responsabilidade, sua validação.

Considerando-se meio ambiente como tudo o que permeia nossa *existência*, entenda-se tudo o que existe de material e ideário, e que a Educação tem como objetivo promover a formação de um ser atuante nesse meio, seria inapropriado então falar em uma educação ambiental sectária, assim como da cidadania como disciplina curricular.

Sabe-se que é fundamental a atuação da Educação para o desenvolvimento dos valores que a sustentam e, portanto, deve-se considerar pertinente a Educação para um outro *mundo* possível, um *mundo* melhor. Como afirma Gadotti (1999), indicando o movimento por uma ecopedagogia, a crise atual é uma crise de paradigmas civilizatórios, e é preciso superar estes paradigmas para ampliar nossa compreensão de *mundo*, para nos sentirmos *mundo*.

A responsabilidade por este *mundo* precisa ser fundada não na coerção, de caráter obrigatório e punitivo, mas nos princípios éticos, acima discutidos, de maneira que a conservação ambiental deva configurar-se enquanto valor básico internalizado pelo indivíduo ao longo do processo de tomada do *mundo* como seu, não inculcado, anexado *a posteriori*.

Estimulando a elaboração dos novos valores, próprios ao novo tempo que chega, incentivar a percepção da vida para além de nosso próprio organismo é buscar novas formas de *existência*. E, porque não, de agricultura, de indústria e de urbanização comprometidas com a ética comum. A opção pragmática só deverá permanecer até que se ofereça uma matriz teórica de maior consistência (Da Costa, 1997).

Romper com a idéia da dominação da natureza pelo ser humano implica admitir controvérsias, novas descobertas de uma ciência criativa que percebe não ter ainda decifrado o *mundo*, como antes anunciado. E que entende o *mundo* e por associação o meio ambiente, como:

> ... *lugar determinado ou percebido, onde os elementos naturais e sociais estão em relações dinâmicas e em interação. Essas relações implicam processos de criação cultural e tecnológica...* (Reigota, 2004: 14).

Se a questão ambiental é reconhecida central e vinculada ao social, é inerente à ação educativa de qualquer natureza. Portanto, torna-se desnecessário o discurso conscientizador que, paliativo, alheio e funcionalista transforma seu empreendimento obrigação, e não princípio. Diante do fracasso da conscientização, propõe-se a sensibilização.

Assumir as relações de interdependência faz-se necessário. A cidadania já implica, ela própria, na responsabilidade pelo meio ambiente. A dignidade humana depende da integridade ambiental, já que o ser humano é ele mesmo a natureza.

Olimpismo e meio ambiente

As questões da natureza relacionadas ao Olimpismo, embora apareçam em escritos remotos do Barão de Coubertin como parte da Educação do atleta, parecem ter sido abraçadas, no sentido da anteriormente criticada "responsabilidade sócio-ambiental". Em única menção ao tema, dentre as funções do Comitê Olímpico Internacional, destaca-se na Carta Olímpica:

> *Velará para que os Jogos Olímpicos se desenvolvam em condições que revelem uma atitude responsável diante dos problemas do meio ambiente e estimulará a preocupação do Movimento Olímpico para com estes problemas, tendo em conta esta preocupação em todas as suas atividades e sensibilize a todas as pessoas relacionadas com o Movimento Olímpico sobre a importância do desenvolvimento sustentável. (p. 22)*

Os conceitos ambientalistas incorporados ao Movimento Olímpico parecem, por sua consideração ínfima na Carta Olímpica e sua expressão limitada, atender apenas a esta nova exigência neoliberal, a do apelo da "responsabilidade" da sociedade de consumo.

Mascarando a ação do capitalismo e a já avançada degradação das sociedades, iniciativas pragmáticas têm sido priorizadas pelo Movimento Olímpico.

Assim como a apresentação de programas de Educação Olímpica pelas cidades candidatas a sede dos Jogos como justificativa de suas edições, segundo Futada (2005) tornou-se comum a elaboração de medidas de conservação ambiental. Contudo, somente se discutem suas implicações práticas emergenciais.

Desde os anos 1970 vêm sendo investigadas as relações do desporto com a proteção ambiental. O fato de o COI assumir posição ambígua diante do meio ambiente, quando ressalta o potencial do esporte como agente transmissor da necessidade de preservação, mas também ao admitir que a prática esportiva e a construção de suas instalações o consome, ocupa grande espaço e produz debate estéril.

O esporte é um padrão de produção e consumo social que deve também ser pensado no âmbito das avaliações de sentido ecológico (Da Costa, 1997). Contudo, medidas administrativas e de controle não dão conta de instaurar a transformação necessária e sensível da reflexão e do comportamento dos indivíduos em relação à natureza.

Os esforços contemporâneos em direção a uma consciência ecológica denunciam a não compreensão dos dados científicos reducionistas e da informação transmitida pelos meios de comunicação de massa, de forma satisfatória.

Da Costa (1997) afirma que o desafio atual reside na elaboração de uma matriz de pensamento no que diz respeito às questões da natureza. A fundamentação filosófica e o debate ético fazem-se necessários para uma efetiva apropriação e exercício da responsabilidade, encontrando-se na Educação a chave para o sentido de pertencimento.

Apostar na formação como alicerce de conceitos e atitudes seria, então, retomar as bases da Educação Olímpica como alternativa para discutir as questões ambientais relacionadas ao Olimpismo, reconstruindo representações e condutas sensíveis.

Após perceber-nos em meio a uma crise educacional, ecológica e olímpica, seria pertinente investir na reforma. Entender que a ética comum, para um *mundo* comum só será possível se for superada a fragmentação a qual foi submetida. Desconsiderar as distintas modalidades de ética segmentadas ao longo do tempo para atender a dilemas particulares é aproximar os valores de uma ética ecológica, esportiva, profissional, entre outras, para a recriação de uma ética *comum*.

A Paidéia e os novos paradigmas

...quando a nossa cultura toda, abalada por uma experiência histórica monstruosa, se vê forçada a um novo exame dos seus próprios fundamentos, propõe-se outra vez à investigação da Antiguidade o problema, último e decisivo para o nosso próprio destino, da forma e do valor da educação clássica (Jaeger, 2003: 20).

Uma alternativa possível à afirmação de Jaeger (2003) seria retornar à fundação da instituição Educação em seu modelo Ocidental, a Paidéia, e remontar a concepção grega de natureza com o intuito de lançar luz sobre os problemas da educação ambiental em sua interface com a Educação Olímpica.

Ao definir a Paidéia, Jaeger (2003) afirma que:

Não se pode evitar o emprego de expressões modernas como civilização, cultura, tradição, literatura ou educação; nenhuma delas, porém coincide realmente com o que os Gregos entendiam por Paidéia. Cada um daqueles termos se limita a exprimir um aspecto daquele conceito global, e, para abranger o campo total do conceito Grego, teríamos de empregá-los todos de uma só vez. (p. 01).

Na Paidéia, a elaboração que se refere à natureza...

...tem indubitável origem na sua constituição espiritual. Muito antes de o espírito Grego ter delineado esta idéia eles já consideravam as coisas do mundo numa perspectiva tal que nenhuma delas lhes aparecia como parte isolada do resto, mas sempre como um todo ordenado em conexão viva, na e pela qual tudo ganhava posição e sentido (Jaeger, 2003: 11).

Contudo, a influência do curso histórico na deturpação dos ideais gregos fez com que um sentimento antropocêntrico individualista fosse instaurado. A constituição da sociedade civil se deu baseada na existência de vontades livres dos indivíduos que mediam suas relações entre si e consigo mesmos ao apropriarem-se das coisas naturais. Como se instaura esta apropriação e a relação de poder e dominação é a origem do problema ecológico atual.

A proposta atual do pertencimento ao *mundo* e gozo da autonomia que configura o sentimento de responsabilidade dialoga com a atmosfera de liberdade grega posta a serviço da totalidade. Tal semelhança suporta o desafio atual de estruturar a ética que se refere não apenas à relação homem a homem contemplada pela moral esportiva traduzida no *fair play*, mas na disposição por atitudes éticas do homem para com ele mesmo e para com o *mundo* (Meinberg, 1997).

Tal movimento pode ser sustentado hoje, pela reflexão filosófica que pensa o problema do cosmos em direção aos seres humanos, e não o contrário. Através da consciência das leis mais gerais, as leis naturais, que determinam a essência humana, constituía-se o princípio espiritual dos gregos e a fundação do humanismo.

No que se refere ao problema da educação, a consciência clara dos princípios naturais da vida humana e das leis imanentes que regem suas forças corporais e espirituais tinha de adquirir a mais alta importância. (Jaeger, 2003:15)

A contemporaneidade vem apresentando nas suas diversas manifestações, e em movimentos paralelos ao Movimento Olímpico, um fenômeno já iniciado não só de retorno à natureza, como da assunção da menoridade e dependência do homem diante dos fenômenos naturais e suas vontades. Alguns segmentos da sociedade como o turismo, o lazer e o esporte - exemplificado pelas atividades de aventura na natureza - denunciam a vinculação de corpo, alma e ambiente e esta necessidade e intenção. O sentido do natural, neste caso, como também na Paidéia, tem origem na constituição espiritual do indivíduo, que cria pelo conhecimento do universo exterior e interior seu entendimento como ser no *mundo*.

Tomar a Educação como princípio e a formação humana como projeto de um *mundo* melhor faz florescer nos indivíduos a responsabilidade em seu sentido mais abrangente, dispensando a necessidade de um tratamento de maneira isolada para a questão do meio ambiente.

Educação olímpica, uma proposta crítica

O Movimento Olímpico é atualmente, através dos Jogos Olímpicos, potencial de construção simbólica, atrativo financeiro e midiático. Mas ainda assim, perpetuador dos construtos gregos sobre a formação do ser humano.

A proposta da Educação Olímpica, sob a prerrogativa do resgate dos ideais gregos para uma Educação completa, desenvolvida a partir dos fundamentos do Olimpismo foi criada, segundo Müller (2004), no fim do século dezenove pelo educador francês Pierre de Freddy, o Barão de Coubertin, face à realização dos Jogos Olímpicos Modernos.

Tal proposta sugere a missão ética como eixo central do Ideal Olímpico, fundada na *pedagogia esportiva* a favor do desenvolvimento integral dos indivíduos. Esse princípio é justificado no momento histórico em que se origina, no qual o esporte representava estratégia de controle do tempo livre, posteriormente ganhando espaço como conteúdo escolar.

O Olimpismo é uma filosofia de vida, que exalta e combina em um conjunto harmônico as qualidades do corpo, mente e espírito. Ao associar o esporte com a cultura e a Educação o Olimpismo se propõe a criar um estilo de vida baseado na alegria do esforço, no valor educativo do bom exemplo e no respeito pelos princípios éticos fundamentais universais (Carta Olímpica, 2001: p. 8).

Embora fundado em argumentos sensíveis e apresentando nobres intenções, não podemos negar impressa na pedagogia olímpica as bases aristocratas da constituição do esporte moderno e o legado de uma ideologia.

Como sugerido no tópico anterior, é preciso, então, olhar para o passado, tanto clássico quanto moderno, não com o intuito de resgatar valores e instituições, mas sim de pensar criticamente as implicações de sua trajetória histórica, de sua transformação ao longo do tempo até a configuração atual.

Centrado no conceito do amadorismo, que implicava no século XIX não somente a profissionalização como a conhecemos hoje, mas a não ocupação do atleta olímpico com qualquer ofício do qual proviesse o seu sustento, limitava-se o direito da prática esportiva à alta aristocracia. Originando-se assim, uma prática exclusivista que sustentava relações de poder.

De volta ao discurso proferido, a justificativa para o estabelecimento da Educação Olímpica tinha o esporte como ferramenta educacional, reformador social, que carregava um estado de espírito. Tinha como objetivo, então, a formação do caráter de seus educandos. Defendia o desenvolvimento moral através da disputa esportiva, pacífica e amistosa, na associação do desempenho dos indivíduos às virtudes de seus adversários, valorizava o respeito na competição. Estes elementos dinâmicos adquiridos pela experiência do cumprimento de normas e exemplos dos códigos de conduta do viver esportivo primavam pelo cavalheirismo e, em maior esfera, almejavam promover a paz entre nações.

Contudo, privilegiava a Educação dos homens sobre as mulheres e não contemplava satisfatoriamente a questão do meio ambiente. Além do que, em oposição ao inegável alcance do fenômeno esportivo e seu possível aproveitamento no sentido educativo, estão postos, atualmente, valores mercantilistas e do profissionalismo desviantes do mesmo caráter que se propõe formar.

O estabelecimento de recordes, a exaltação da vitória, a representação do sucesso impregnado da visibilidade conferida pela mídia e do apelo financeiro que obteve ao longo dos anos reflete conflitos éticos tais como a prática de discriminações, o doping, os boicotes entre nações, entre outros.

Muito embora a perspectiva educacional do Olimpismo seja extremamente presente desde o seu princípio, no contexto contemporâneo devemos também nos perguntar o real propósito da continuidade dos programas de Educação Olímpica, se seria para tornar possível uma retomada dos ideais educacionais gregos que fundamentaram as idéias de Coubertin, ou se simplesmente para trazer credibilidade ao universo olímpico e seus símbolos (Futada, 2005:10).

Apesar de a pedagogia olímpica propor-se a abranger mais do que a pedagogia esportiva, a descaracterização da abordagem se dá no distanciamento, ou então, a não promoção satisfatória de debates e iniciativas acerca da questão ambiental e das manifestações sociais outras, tais como a arte e a música, rompendo assim com a justificativa do desenvolvimento integral.

Admitir na cultura helênica a fundação da Educação como se conhece atualmente e da sua estruturação pelo pensamento ocidental europeu faz questionar, por exemplo, a significação dos Jogos Olímpicos e seus programas em países do oriente, impondo signos e exaltando a abordagem esportiva com valoração hierárquica frente às demais propostas educativas.

Assumir a relevância de valores outros e a influência da ideologia no programa educativo implica no cuidado em não absolutizar pontos de vista e evitar impor uma idéia hegemônica a culturas locais que não apresentam qualquer relação com essa proposta.

A Agenda 21 do Movimento Olímpico (1999), para um esporte em defesa do desenvolvimento sustentável, apresenta em seu texto a intenção de incentivar as instituições públicas relacionadas ao esporte a promover a prática esportiva pelos grupos humanos que por razões econômicas e de gênero, raça ou casta dela se acham excluídos. Além disso, pretende incentivar tradições esportivas indígenas e divulgar conhecimentos e práticas tradicionais dos povos nativos a fim de atuar em favor do meio ambiente.

Contudo, mais uma vez, um documento olímpico apresenta elaboração insipiente. Assim como o entendimento da questão ambiental se dá de maneira emergencial e parcial, o proposto sugere um contra-senso, visto que os valores olímpicos deveriam, para seus fundadores, ser universais e disseminados tanto quanto possível, reflexo de um pensamento que entendia a cultura a partir de uma referência ocidental eurocêntrica, desconsiderando as questões da interculturalidade. O conceito de diversidade cultural além de não ser apreendido em sua complexidade pelo movimento olímpico, é também abarcado pela lógica da responsabilidade social de negócios.

Isso significaria retomar a subjetividade e as expressões carregadas de impressões emocionais como elementos sérios do discurso científico, além de considerar os saberes da rotina e locais assumindo a significação do conhecimento e sua apreensão por aqueles que experienciam esta realidade peculiar. No que tange as divergências de compreensão mister se faz considerá-las na intervenção educativa para a elaboração do *mundo* comum ao qual o sujeito se sente pertencente.

Para tanto, se faz necessário o diálogo educativo, o da criatividade e da democracia, além da consideração da diversidade, e também de pedagogias. A idéia de que a ética esportiva é capaz de resolver todos os problemas da formação humana já não é mais suficiente. É hora de buscar implantar na reforma da Educação Olímpica alguns dos preceitos da pedagogia da autonomia, da educação cidadã, da ecopedagogia, enfim, do que for novo e pertinente à elaboração ética para aquele local específico, a partir de trocas e construções consistentes em busca de um projeto que propõe formar um ser humano melhor.

> ... deve-se sempre reavaliar a validade e adequação de um programa educacional atrelado a um movimento que é influenciado por tantos fatores, ora positivos e ora negativos. (Futada, 2005:13)

Para tanto seria necessário compreender o esporte como um instrumento educacional possível, mas também sua incompletude, e considerar outras instituições sociais em suas relações. Reconhecê-lo, não mais como única manifestação modelo para a elaboração dos valores morais e de convivência, como se dá na prática, mas tê-lo como uma alternativa é o que propõe a reflexão aqui estruturada.

É função da Educação Olímpica investir no compromisso honesto de importar-se com a percepção das diferenças na compreensão dos fatos, estimulando no educando a consideração do meio em que vive e das manifestações culturais outras, conscientizando-o das limitações da proposta em que se insere, assumir-se enquanto possibilidade, sem desconsiderar as demais, situar-se historicamente, implementar a reflexão sobre si próprio, buscar o aperfeiçoamento e a adequação aos novos conhecimentos e elementos sociais emergentes, não com o intuito de apenas justificar-se, mas de manter seu compromisso ético, já enraizado no fato de que é uma proposta da EDUCAÇÃO.

Referências Bibliográficas

BEHNAM S., & TARRADELLAS, J. **Agenda 21 do Movimento Olímpico, para um esporte em defesa do desenvolvimento sustentável.** Comitê Olímpico Internacional, 1999.

BOFF. L. **Carta da terra. É preciso cuidar da vida.** III Fórum Social Mundial, Instituto Paulo Freire *on line*, 2003.

CAVALCANTI, C. (org.). **Desenvolvimento e Natureza: Estudos para uma Sociedade Sustentável.** São Paulo, Ed. Cortez, 1995.

COORDENADORIA DE EDUCAÇÃO AMBIENTAL E SECRETARIA DO MEIO AMBIENTE (org.). **Educação Ambiental.** São Paulo: Edusp, 1989.

COMITÉ OLÍMPICO INTERNACIONAL. **Carta Olímpica.** Lausanne, 2001.

DaCOSTA, L. P. (ed.) **Sport and Enviroment. An international overview.** Porto: FCDEF, 1997.

FREIRE, P. **Pedagogia da Autonomia.** São Paulo: Paz e Terra, 1996.

FUTADA, F. M. **Educação Olímpica: conceito, significado e validade.** Monografia apresentada à Faculdade de Educação Física e Esporte da Universidade de São Paulo, São Paulo, 2005.

GADOTTI, M. Cidadania planetária: pontos para reflexão. **Cadernos de Ecopedagogia.** São Paulo: Instituto Paulo Freire *on line*, 1999.

GOUVEIA, V. V., GOUVEIA T. C., QUEIROGA, F., FRANÇA, M. L. P.,OLIVEIRA, S. F. *A Dimensão Social da Responsabilidade Pessoal.* **Psicologia em Estudo**, Maringá, v.8, n.2, 2003.

GUIMARÃES, M. **Dimensão Ambiental na Educação.** Campinas: Papirus,1995.

JAEGER, W. **Paidéia: A Formação do Homem Grego.** 4ed. São Paulo, Martins Fontes, 2003.

MÜLLER, N. **Olympic Education.** Barcelona, Centre d'Estudis Olimpics (UAB), 2004.

REIGOTA, MARCOS. **Meio Ambiente e Representação Social.** São Paulo: Cortez editora, 2004.

REIS, T.& BRUNO, G. A Gestão para a responsabilidade social e o desenvolvimento responsável. **Revista Fundação de Apoio a Tecnologia**, ed.jun/jul/ago, 2005.

EDUCAÇÃO OLÍMPICA FORMAL, NÃO FORMAL E INFORMAL

ALEXANDRE ROBERTO MORETTI - CARLOS HENRIQUE TAPETTI

Introdução

Ao discutir a questão da educação abordam-se as formas pelas quais são transmitidos os conhecimentos e os traços culturais específicos de cada sociedade. Na sociedade contemporânea a Educação Olímpica surge como uma possibilidade repleta de valores condizentes com atitudes desejáveis, tais como entendimento, limpidez, honestidade e valorização do esforço.

Cabe a este estudo relacionar a transferência destes valores olímpicos por meio das diferentes maneiras de se aprender e de se ensinar em nossa sociedade, seja via a educação formal, institucionalizada e corporificada na escola, seja na educação informal transmitida pelo meio, através dos pais, pelo convívio social, ou ainda na educação não formal, induzida através de atividades extracurriculares, que carregam junto de si valores formativos.

Intentamos discutir nesse ensaio de que forma os valores da Educação Olímpica podem ser desenvolvidos junto às escolas ou ainda como os ideais olímpicos, sobretudo em época de Jogos Olímpicos, podem nortear a aquisição de valores formativos. Isso porque sabemos que programas esportivos, atividades culturais ou artísticas podem abordar valores próprios da Educação Olímpica de maneira voluntária ou não.

As reflexões e teorias apresentadas neste texto procuram dar sentido às relações difundidas pelo ideário olímpico diante das ferramentas e instituições educativas da sociedade.

O esporte como elemento pedagógico

Tornou-se praxe afirmar que o esporte é um dos maiores fenômenos sociais do mundo contemporâneo. Entretanto, essa mesma dinâmica também podia ser observada na Grécia antiga, muito embora entenda-se que naquele contexto o significado das práticas atléticas eram distintas das atuais.

A juventude grega treinava nos *gimnasios* não apenas para competir nas várias edições de Jogos Públicos, mas entendiam essa atividade como uma forma de manter a saúde, de desenvolver e conservar as qualidades físicas ideais para o bom funcionamento do organismo, e também para fortalecer o espírito por meio do contato com poetas, filósofos e artistas. Entretanto, conforme Rúbio (2001) estas atividades eram privilégio dos homens livres que usufruíam da condição de cidadãos. Todo cidadão que aspirasse ao reconhecimento da Polis e o ingresso na carreira pública deveria freqüentar o *gimnasio* por um período de dez anos.

Conforme aponta Nunes (2006) era nesse espaço que o jovem grego podia encontrar as condições necessárias para o desenvolvimento de seus valores pessoais, ao custo de uma disciplina severa. Há que ficar registrado que todo cidadão grego, não apenas os mais abastados, mas também o trabalhador poderia fazer suas atividades no *gimnasio* desde que dispusesse de tempo para dedicar-se a sua formação cultural e à Pólis. O homem grego tinha direitos e deveres a cumprir, entre eles a prática da ginástica e dos jogos.

Essa forma de conceber a atividade atlética irá diferir drasticamente do modelo de esporte moderno encontrado, basicamente na Inglaterra do século XIX, lugar e momento em que se inspirou Pierre de Coubertin para lançar as bases do Movimento Olímpico. De acordo com Rúbio (2006) a sociedade inglesa assistiu a uma perda do poder da aristocracia em favor da burguesia desde o século XVII, gerando grandes transformações culturais em função das novas formas de relação entre as classes sociais. Como não poderia deixar de ser as instituições escolares não ficaram ilesas a essas transformações. A burguesia e aristocracia passaram a financiar as escolas de seus filhos enquanto a Igreja e as instituições beneficentes se encarregavam de educar os filhos da classe operária.

Praticado nas escolas aristocráticas e burguesas, as *public schools*, o esporte tornou-se uma prática tipicamente aristocrática no final do século XVIII, muito embora outras camadas sociais também praticassem diversas modalidades de jogos competitivos somente em espaços públicos. Porém, foi nas *"public schools"* que o esporte se organizou e se institucionalizou, permitindo que seus dirigentes reclamassem para o si o privilégio de sua prática institucionalizada.

Não é casual encontrar no esporte contemporâneo os mesmos valores culturais associados à burguesia industrial como o rendimento, a competição, a burocratização e racionalização. No entender de Betti (1991) o modelo esportivo da burguesia inglesa predominou no início do século XIX e prevalece até os dias atuais, influenciando não apenas as modalidades em si, mas as instituições esportivas de uma forma geral, tanto em âmbito mundial como nos diversos modelos nacionais.

Por sua vez nos Estados Unidos da América, nação que ganhou a condição de líder dos países aliados após a Segunda Grande Guerra, já no início do século XX o esporte foi praticado como uma atividade da cultura de massa, fortemente influenciado pelas idéias do puritanismo. De acordo com Nunes (2006) para os seguidores desta tendência religiosa, o cuidado com o corpo era essencial para assegurar a salvação da própria alma. As práticas corporais eram entendidas como formas seculares para combater os vícios decorrentes da urbanização crescente no país. Com o aumento do poder aquisitivo da população e o consumismo gerado nesse processo a população passou a sedentarizar-se.

Courtine (1995: 91) afirma que o esporte era visto como uma atividade racional com o objetivo da formação moral, tendo na escola uma parceira fundamental na divulgação e afirmação desses ideais. A partir de 1850, *"as atividades físicas organizadas vão se tornar um elemento do sistema escolar e da vida adulta dos Estados Unidos"*. Dessa forma é possível entender como o esporte tornou-se uma paixão americana, o passatempo favorito do povo, favorecendo o desenvolvimento de uma Educação Física massificada. O esporte é uma constante na vida dos escolares estadunidenses, sendo a prática competitiva estimulada e desejada entre os estudantes de diversos níveis, lembrando que os campeonatos colegiais e universitários são os celeiros das diversas modalidades profissionalizadas.

Diante da importância dada à pratica esportiva nas instituições escolares não é difícil admitir que os valores subjacentes ao esporte competitivo tenham sido tão firmemente apropriados pela sociedade dita culta e letrada, freqüentadora das instituições escolares em todo o mundo.

Daí a afirmação de Nunes (2006: 70)

"Com a força ideológica, inicialmente, do colonialismo inglês e, posteriormente, dos Estados Unidos, apoiado em valores

econômicos e políticos, o esporte absorveu lentamente todas as outras práticas da cultura corporal de movimento. Conferiu à própria ginástica, às lutas e, mais recentemente, às danças sua estrutura de competição, seus códigos, formas de organização, regras e valores, e porque não, sua "identidade competitiva e racional". A escola, dentre as diversas instituições que colaboram para a manutenção destas "identidades", sem dúvida, exerce função importante."

Mas não se pode analisar a relação entre esporte e escola se não se discutir o que representa a educação para a sociedade.

Educação e Sociedade

Diante da perspectiva apresentada, fica evidente a relação do esporte e seus valores junto aos processos de educação próprios da sociedade moderna.

A vida é permeada pela educação nas diversas situações e fases pelas quais se desenvolve, sendo que em cada fase há um interesse/ curiosidade particular que motiva a compreensão do ambiente no qual se está inserido. Segundo Brandão (1991: 7) a educação está presente na vida de todos, seja *"Em casa, na rua, na igreja ou na escola, de um modo ou de muitos, todos nos envolvemos pedaços da vida com ela: para aprender, para ensinar, para aprender-e-ensinar. Para saber, para fazer, para ser ou para conviver"*.

Para tanto, a sociedade possui meios pelo qual realiza a transmissão dos conhecimentos, a transmissão da educação, onde a distinção entre os tipos de educação pode ser feita da seguinte forma:

"Por educação formal, entende-se o tipo de educação organizada com uma determinada seqüência e proporcionada pelas escolas enquanto que a designação educação informal, abrange todas as possibilidades educativas no decurso da vida do indivíduo, constituindo um processo permanente e não organizado. Por último, a educação não-formal, embora obedeça também a uma estrutura e a uma organização (distintas, porém, das escolas) e possa levar a uma certificação (mesmo que não seja essa a finalidade), diverge ainda da educação formal no que respeita à não fixação de tempos e locais e à flexibilidade na adaptação dos conteúdos de aprendizagem a cada grupo concreto" Afonso (1989; in: Simson, Park & Fernandes 2001: 9)

Estes vários lugares, meios, nos mostram uma necessidade própria do ser humano, único ser que necessita de um longo período para que se dê sua maturação biológica, o que representa uma dependência vital de outro ser humano durante longos anos. Esta necessidade compulsória obriga-o a interagir com outro ser humano, levando-o a apreender e se apropriar de todo o código cultural de seu cuidador, em um incessante processo de aprendizagem e posterior ensino.

A educação aparece nas relações entre pessoas e nas suas intenções de ensinar e aprender. Por trás da intenção de tornar o indivíduo mais próximo do modelo desejável pela sociedade na qual vive estão as diferentes visões de educação, sociedade e indivíduo, tornando a educação um campo fértil para diferentes ideologias.

De acordo com Saviani (2005) a educação é determinada pela sociedade, ou ainda, a escola é determinada socialmente, e não ao contrário. Acreditar que a sociedade é determinada pela educação, ou acreditar que somente a educação tem o poder de transformar a sociedade, é acreditar num "utopismo pedagógico", expressão criada por Brandão (1991), que também afirma ser a educação uma prática social.

Dentre as inúmeras definições sobre educação, conforme Libâneo (1992: 40) há uma idéia balizadora sobre o conceito de educação: "corresponde à ação e ao resultado de um processo de formação dos sujeitos ao longo das idades para se tornarem adultos, pelo que adquirem capacidades e qualidades humanas para o enfrentamento de exigências postas por determinado contexto social", sendo que aquilo que funciona em um determinado contexto social, pode ou não funcionar em outro contexto.

Temos nestas idéias – um campo fértil para diferentes ideologias; é determinada pela sociedade; prática social; funciona ou não em determinados contextos sociais – algumas indicações de resultados e utilização da educação como instrumento da sociedade. Portanto, deve-se adotar um posicionamento crítico diante das várias formas de educação.

Algumas dessas formas se utilizam do discurso da educação mas, seus resultados apontam em outra direção.

Segundo as idéias de Althusser (in: Saviani 2005), o Estado se utiliza de meios para manter e reproduzir a ordem. A essas práticas sociais ele nomeia de "Aparelhos Ideológicos do Estado" (AIE), e descreve vários AIE, dentre eles a educação e o esporte. Ou seja, a educação pode ser utilizada para manter e reproduzir a ordem.

Resta então a dúvida se não seria função do Estado, por meio da educação, fornecer meios para que os indivíduos possam se apropriar da cultura, transformando sua história pessoal e social. Ou ainda, evitando que a separação entre a aquisição e a criação do desenvolvimento tenha uma grande distância? Aranha (1989) argumenta que a educação deve instrumentalizar o homem como um ser capaz de agir sobre o mundo e ao mesmo tempo compreender a ação exercida, ou seja, não apenas reproduzir um modelo, e sim conhecer e criticar este modelo, participando da (re)construção da sociedade.

A Educação Olímpica

O termo "Educação Olímpica" surgiu na década de 1970, com Norbert Müller no âmbito do Esporte Educacional e teve como pressupostos os valores e ideais presentes no Olimpismo e na educação esportiva do Barão Pierre de Coubertin.

Müller (2004) apresenta os conceitos encontrados no legado filosófico de Coubertin que se referem à Educação Olímpica:

1- O conceito de desenvolvimento harmonioso do ser humano por inteiro;

2 - A idéia de esforço pela perfeição humana através da alta performance na área científica, na área artística e bem como na esportiva;

3 - Atividade esportiva voluntariamente relacionada a princípios éticos como *fair play* e igualdade de oportunidades;

4 - O conceito de paz e boa vontade entre as nações, refletido no respeito e tolerância das relações entre os indivíduos;

5 - A promoção de mudança para emancipação dentro e através do Esporte.

São estes os conceitos aliados ao processo de educação do ser humano integral que Pierre de Couberin denominou como uma filosofia de vida.

A Educação Olímpica de acordo com Brownlee (1999) é um processo que busca "trazer vida" à filosofia do Olimpismo, através do ensino dos ideais Olímpicos, fornecendo experiências que reforçam a identidade cultural e pessoal, tolerância para todos, compreensão mútua, desenvolvimento individual e o trabalho para a excelência pessoal.

A Educação Olímpica utiliza-se do esporte Olímpico e pelo esporte Olímpico para proporcionar ao seu participante o desenvolvimento humano segundo os ideais do Olimpismo. Faz do esporte um instrumento de disseminação de valores desejáveis não apenas durante a competição esportiva, mas durante todo o convívio social. Honestidade, honradez, valorização do esforço, compreensão, tolerância, respeito ao próximo, são valores oriundos do ideário olímpico, que através do esporte podem ser incluídos no processo educacional.

A proposta mais tradicional da Educação Olímpica evidencia valores universais e os considera comum a todas as culturas e possui uma abordagem baseada em valores universais humanistas, levando em conta o multiculturalismo que proporciona discussões e desenvolvimento do processo de educação para ampliar as possibilidades e tornar seu desenvolvimento uma realidade mais concreta.

Segundo Abreu (2003) na Educação Olímpica deve-se considerar valores supostamente universais e avaliá-los de acordo com as especificidades culturais de onde o programa é desenvolvido, tornando-os alicerces da proposta, que através do multiculturalismo pode utilizar as particularidades culturais locais para mediar valores centrais do Olimpismo.

Segundo He (2001), o multiculturalismo é uma ferramenta que deve ser aplicada ao Olimpismo com o intuito de adaptar os valores universais propagados por este ideário às condições culturais específicas de cada nação, independente da religião, orientação política ou status econômico que ela manifeste.

É importante lembrar que as bases do Olimpismo foram lançadas no final do século XIX, sendo seus valores estruturados de acordo com uma ótica aristocrática, representada pela burguesia industrial e pela nobreza européias.

Rúbio (2006) afirma que o Barão de Coubertin se inspirou no cavalheirismo britânico do séc. XIX para desenvolver o conceito de *fair play* (jogo limpo) como um dos principais valores do olimpismo, *fair play* este, pautado no comportamento comedido e intelectualizado das elites européias.

O *fair play*, assim como os outros valores olímpicos deveria ser desenvolvidos para educar. Para tanto precisavam ser tomados como valores éticos da humanidade e não apenas de um grupo restrito que detinha o poder da construção das regras e regulamentos que organizam o esporte dentro do Movimento Olímpico.

Educação Olímpica Formal

No momento em que a educação se sujeita a uma pedagogia (a teoria da educação), cria suas próprias situações, produz os seus métodos, estabelece suas regras, define horários e durações dos anos de sua execução, utiliza um local definido e se utiliza de executores especializados para o seu exercício, surge a educação formal, que tem como representante as pré-escolas, as escolas e as universidades públicas ou privadas.

Garcia (2001) assinala que a educação formal tem como prioridade a sistematização da construção do conhecimento, onde as demais práticas de caráter educacional não assumem com exclusividade esse papel de sistematizar conhecimentos socialmente adquiridos.

Com base nas idéias de Gadotti (2005), a estruturação da educação formal ocorre de forma planejada, com objetivos claros e específicos, segue normas tais como as Leis e Diretrizes de Bases de Educação Nacional e os Parâmetros Curriculares Nacionais, estruturada numa seqüência regular de períodos letivos, ou séries, com progressão hierárquica e burocráticas determinadas, estabelecida de um nível a outro mais complexo, com direito de obter certificados, graus acadêmicos ou títulos profissionais, reconhecidos oficialmente.

O conceito "Educação Olímpica" traz para as instituições que o utilizam uma espécie de *status* diferenciado. Somado a isso a diversidade de interpretações gerada pela variedade de culturas existentes na atualidade transformam as relações criadas por Pierre de Coubertin e as distanciam deste conceito, não condizendo com a Educação Olímpica proposta, fazendo com que as instituições o promovam de maneira equivocada. É o caso de instituições que abordam aspectos históricos e geopolíticos dos Jogos Olímpicos e deixam de explicitar questões éticas, morais, de formação humana ligadas a Educação Olímpica (Monnin, 2000).

A autora ilustra o caso da França, que criou em 1992 seu plano de Educação Olímpica, denominado Ecolympique, resultando em algumas medidas governamentais que implicaram na promoção da educação aos jovens sobre Jogos Olímpicos, através de conhecimentos históricos, geográficos e socioeconômicos das regiões onde ocorrem os jogos.

Esta discussão atenta para a problemática da incoerência entre os ideais e a prática propriamente dita da Educação Olímpica nos programas formais de educação.

No Brasil, Medina (1983) em seu estudo demonstra que os programas de educação física escolar, na prática não correspondem à teoria. Sendo este um importante passo a ser superado para a implantação efetiva de uma teoria, inclusive a Educação Olímpica.

A inclusão dos valores olímpicos em programas de educação formal precisa estar atento às adaptações necessárias, instrumentalizadas pelo multiculturalismo (HE, 2001). Isso representa dizer que os nobres valores do ideário olímpico precisam ser compartilhados por crianças e jovens oriundos das diferntes esferas sociais, uma vez que conceitos como honestidade (*fair play*), tolerância (bom entendimento entre os povos), paz, valorização do esforço são valores que podem ser discutidos e trabalhados em diversos momentos da vida de crianças e adutlos, independente de sua formação ou nível intelectual.

Educação Olímpica Não Formal

A educação não-formal compreende atividades ou programas organizados fora do sistema regular de ensino, com objetivos e sistemas educacionais bem definidos. "*A educação não-formal caracteriza-se por ser uma maneira diferenciada de trabalhar com a educação paralelamente à escola. Embora não trabalhe com esse objetivo, acaba muitas vezes, complementando as lacunas deixadas pela educação escolar*" (Simson, Park & Fernandes, 2001: 9).

A não formalidade permite segundo Gadotti (2005, 2) a educação não-formal ser "*mais difusa, menos hierárquica e menos burocrática ... não precisa necessariamente seguir um sistema seqüencial e hierárquico de "progressão". Pode ter duração variável, e pode, ou não, conceder certificados de aprendizagem.*"Contandocom a flexibilidade para atender a uma demanda específica dos mais variados meios e sujeitos.

Libâneo (1992) afirma que a característica principal da educação não-formal é seu caráter de intencionalidade encontrado nas relações pedagógicas e sua intenção de educar pode ser encontrada explicitamente nas atividades realizadas, mesmo com baixo grau de estruturação e sistematização.

Um dos exemplos de educação não-formal são os cursos extra curriculares, como cursos profissionalizantes, musicais, de esporte, enfim cursos que exploram uma habilidade. Temos também os projetos sociais que se utilizam deste tipo de educação para construir cidadãos com a característica de *"possibilitar a transformação social, dando aos sujeitos que participam desse processo, condições de interferir na história refletindo-a, transformando-a, logo, transformando-se."* (Garcia, 2001: 152).

A educação olímpica não-formal aplicada por instituições que a utilizam sem um referencial formal, ou por não a conhecerem ou a entenderem de maneira diferenciada, acaba por desenvolver valores da Educação Olímpica em função de sua divulgação promovida pela mídia, sobretudo em período de competições olímpicas ou campeonatos mundiais.

Cursos, exposições, documentários, programas esportivos, palestras e shows – como os realizados na turnê da banda U2 sob o *slogan* COEXIST - reproduzem valores educacionais olímpicos universais associados à conduta ética tida como global.

A educação olímpica não-formal mantém uma distância menor entre a teoria e a prática, uma vez que não possui uma rigidez quanto ao conteúdo a ser aprendido, e tem acima de tudo o comprometimento com o educando.

Educação Olímpica Informal

"Se estivesse claro para nós que foi aprendendo que aprendemos ser possível ensinar, teríamos entendido com facilidade a importância das experiências informais nas ruas, nas praças, no trabalho, nas salas de aula das escolas, nos pátios dos recreios, em que variados gestos de alunos, de pessoal administrativo, de pessoal docente se cruzam cheios de significação" (Freire, 1997: 50).

A educação em sua forma mais elementar mescla-se com a vida em todos os momentos, seja de trabalho, de lazer, de dividir o alimento ou de uma simples reunião. Essa educação recebe o nome de educação informal, uma vez que ela ocorre de maneira espontânea, ou seja, não é imposta. De acordo com Brandão (1991) somos permeados por ela durante toda a nossa vida,e geralmente são os aprendizes que buscam as pessoas e as situações de troca que lhes possam trazer algum aprendizado.

A educação informal como processo educativo não possui sistema ou método claramente definidos. O meio em que a pessoa vive é quem proporciona a aprendizagem que pode ocorrer no meio familiar, na vizinhança, no trabalho, a partir da tv, dos jornais ou do rádio, em espaços de lazer, no esporte, na biblioteca, na rua, entre amigos, entre outros meios. Resulta no desenvolvimento de conhecimentos e valores contribuindo para adotar ou não determinadas atitudes, aceitar valores, adquirir conhecimentos e habilidades da vida diária. Seria um equívoco acreditar que a educação informal não cumpre seu papel educacional.

Conforme Afonso (1992), a educação informal ocorre nos espaços de possibilidades educativas no decurso da vida dos indivíduos, como por exemplo, a família. Sendo assim ela tem, portanto, caráter permanente e ocorre em todas a fases e etapas do desenvolvimento humano, envolvendo todas as relações entre a pessoa e seu mundo social ao longo da vida.

A educação olímpica informal ocorre em ambientes fora de salas de aula e de locais de educação institucionalizados. O ensino e a aprendizagem dos valores olímpicos ocorrem de forma fluente através da mídia, ao se assistir a competições, e também, por conta da participação da população, seja como espectadora em estádios, ginásios, como praticante de jogos que carregam consigo as idéias de *fair play*, tolerância, valorização do esforço em busca da perfeição humana. Daí a importância de se reforçar condutas pedagógicas tanto por parte dos atletas, responsáveis pelo espetáculo esportivo, como pelo público que assiste ao espetáculo.

Na educação informal a distância entre teoria e prática não ocorre, uma vez que não se atém a uma teoria e/ou método, e a aprendizagem já ocorre na prática. Aquilo que vemos ou ouvimos na mídia, ou nas práticas cotidianas é internalizado de uma forma mais direta e muitas vezes não passa por uma reflexão apurada e torna-se meramente uma reprodução do que foi visto. Por exemplo, as vezes encontramos crianças/adolescentes reproduzindo atitudes desprezíveis de atletas produzidas em alguma exibição esportiva com ampla cobertura dos meios de comunicação.

Neste sentido podem ser assimilados valores positivos ou negativos associados com a participação olímpica. Quando se observa uma partida entre nações que no campo geopolítico são rivais, mas que se demonstram plenamente cordiais durante o embate esportivo, acredita-se na mensagem do bom entendimento e tolerância entre os povos. No entanto, quando se observa um atleta que ao ser atingido por uma bola na perna, dissimula e finge ter sido atingido no rosto para prejudicar seu adversário, percebe-se a descrença no *fair play*.

Considerações finais

Os Jogos Olímpicos representam a maior audiência de mídia do mundo contemporâneo e são a maior manifestação pública do Olimpismo. Este fato demonstra o potencial de aderência e alcance do Movimento Olímpico contemporâneo. Inspirados nas histórias e nos feitos grandiosos dos atletas milhões de crianças e jovens iniciam-se na prática esportiva. A sociedade como um todo se mobiliza, participa e discute as ações olímpicas e suas conseqüências.

O que faz dos Jogos e do Movimento Olímpico um sucesso não é apenas a prática esportiva e sua tensão emocional, mas sim todo repertório de valores que acompanham estes fenômenos. O *fair play* – jogo limpo, conduta ética -, a valorização do esforço rumo ao ápice da performance humana (perfeição, excelência), a promoção da paz através do bom entendimento entre os povos, são valores deste ideário olímpico, que não estão presentes apenas nas edições dos jogos, mas encontram-se dissolvidos na cultura da sociedade contemporânea, rompendo fronteiras geográficas e barreiras econômicas, políticas ou raciais.

Estes valores, até certo ponto universais, são apropriados pelas diferentes culturas do mundo por intermédio de uma linguagem multicultural.

Em função da difusão entre a cultura contemporânea e os valores do Olimpismo, discute-se as inserções destes valores nos processos educativos, desde a educação formal, implementada nas escolas e dirigidas por abordagem e parâmetros curriculares, passando pela educação auxiliar (não formal) representada pelas atividades extracurriculares, até a educação informal obtida pelo convívio do indivíduo com o meio onde está estabelecido.

A Educação Olímpica pode ser implementada nas escolas através da inclusão de seus elementos básicos nos parâmetros curriculares nacionais ou estaduais e do desenvolvimento de planejamentos pedagógicos adaptados em cada unidade escolar. Esta inserção formal não deve dirigir ou limitar as possibilidades de aprendizado dos valores olímpicos e sim sugerir e orientar.

A Educação Olímpica formal não deve ser excludente, mas sim traduzida de forma multicultural para que atinja diferentes esferas sócio-econômicas.

A Educação Olímpica não formal cria inúmeras possibilidades de implementação dos valores do Olimpismo de forma semi-estruturada. Neste caso, os valores olímpicos, tais como o *fair play*, não são necessariamente objetivo principal das atividades, mas podem estar inseridos como ferramentas auxiliares. Como ocorre em uma aula de judô, onde o objetivo principal são golpes de projeção, no entanto como estratégia complementar aplica-se a tolerância e cooperação.

A Educação Olímpica informal pode ser difundia principalmente quando do advento de grandes eventos esprotivos, que mobilizam a atenção de grande parcela da população e contam com o apoio irrestrito e maciço dos meios de comunicação de massa.

A Educação Olímpica deve ser um instrumento de difusão de valores éticos universais e adaptada a diversidade cultural da sociedade atual.

A implementação da Educação Olímpica se encaminhada nas instâncias da educação formal, não formal e informal favorece a democratização e o acesso aos valores olímpicos.

Referências Bibliográficas

ABREU, N. G. Educação Olímpica. In: **Anais IV Fórum Olímpico - Estudos Olímpicos: desafios para 2004 e além.** Curitiba, 2003.

AFONSO, A. J. **Educação básica, democracia e cidadania: dilemas e perspectivas.** Porto: Afrontamento, 1992.

ARANHA, M. L. A. **Filosofia da Educação.** São Paulo: Moderna, 1989.

BETTI, M. **Educação Física e sociedade.** São Paulo: Movimento, 1991.

BRANDÃO, C. R. **O que é educação.** 26º edição. São Paulo: Brasiliense, 1991.

BROWNLEE, H. **Global Initiatives on Olympic Education.** 39th Session: International Olympic Academy, 1999. http://www.ioa.org.gr/books/sessions/1999/1999_072.pdf acesso 04/09/2006.

COURTINE, J.J. *Os Stakhanovistas do Narcisismo:* Body-building e puritanismo ostentatório na cultura americana do corpo. In: SANT'ANNA D.B.(org.) **Políticas do corpo: Elementos para uma história das práticas corporais.** São Paulo: Estação Liberdade, 1995.

GADOTTI, M. A questão da educação formal/não-fromal. In : Institut Internacional des Droits de l'enfant. **Droit à l'éducation: solution à tous les problèmes ou problème sans solution?** Suisse, 2005. <http://www.paulofreire.org/Moacir_Gadotti/Artigos/Portugues/Educacao_Popular_e_EJAEducacao_formal_nao_formal_2005.pdf> acesso 17/03/2007.

GARCIA, V. A. A educação não-formal no âmbito do poder público: avanços e limites. In: O. R Von SIMSON; M. B. PARK &, R. S. FERNANDES (orgs) **Educação Não-Formal: Cenários da criação.** Campinas, SP: Editora da Unicamp, 2001

HE, Z. Universal olympic values inmulticultural world. **Olympic Rewiew**, Lausanne, v.41, p.11-13, 2001.

LIBÂNEO, J. C. **Os significados da educação, modalidades de práticas educativa e a organização do sistema educacional.** Inter-ação v. 10, n. 1/2, p. 67-90, dez., Goiânia, 1992.

MONNIN, C. **Is there really an Olympic Education?**, 2000.
http://www.ioa.org.gr/books/reports/2000/Report2000_328.pdf

MULLER, N. **Olympic Education: University lecture on the Olympics** [online article]. Barcelona: Centre d'Estudies Olimpics (UAB). International Chair in Olympism (IOC – UAB), 2004. <http://olympicstudies.uab.es/lectures/web/pdf/muller.pdf> acessado em 04/09/2006.

NUNES, M. L. F. **As implicações do esporte escolar na construção da identidade e da diferença**. Dissertação de mestrado. Faculdade de Educação da Universidade de São Paulo, 2006.

RUBIO, K. **O alteta e o mito do herói**. São Paulo: Casa do Psicólogo, 2001.

RUBIO, K. **Medalhistas olímpicos brasileiros: memórias, história e imaginário**. São Paulo: Casa do Psicólogo: FAPESP, 2006.

SAVIANI, D. **Escola e Democracia**. 37º edição. Campinas: Autores Associados, 2005.

SIMSON, O. R Von; PARK, M. B. & FERNANDES, R. S. (orgs.) **Educação Não-Formal: Cenários da criação**. Campinas, SP: Editora da Unicamp, 2001.

ESPORTE, EDUCAÇÃO E EXERCÍCIO DA CIDADANIA

EDMILSON SILVA DE OLIVEIRA - RITA DE CÁSSIA GARCIA VERENGUER

Introdução

O interesse por relacionar esporte, cidadania e educação vem um pouco antes da tarefa de fazer este capítulo. Ele surge de questionamentos de duas situações práticas que vivenciadas no início da minha vida profissional, onde tentei relacionar os potenciais que uma prática poderia oferecer para outra já que eram situações adversas no tratamento do esporte. Uma delas tratava de considerar o esporte como meio de educação e a outra como fonte de rendimento esportivo, mas ambas com adolescentes.

Na busca de aproximar estas duas situações, sempre questionei a minha forma de atuação, no sentido de mostrar aos adolescentes a sua importância, fazendo com que eles se envolvessem melhor, dessem valor ao que estavam executando e que esta prática fizesse sentido futuramente a eles. Eis que então, diante deste conflito corro ao encontro da literatura e amigos da área na tentativa de achar respostas para as minhas dúvidas, acreditando que poderia ser o primeiro passo (e ciente de que não é o último) para entender as diferentes formas que o esporte se apresenta.

Resgate histórico do esporte: ser ou não ser educacional

Trata-se de uma tarefa um tanto complexa conceitualizar o termo *esporte* principalmente na esfera educacional, visto que atualmente existem vários significados e compreensões do termo. Mas, antes de entrar no mérito da questão e analisá-lo quanto a sua relação com a educação é importante que se conheça a gênese do esporte e consigo alguns fatos que contribuíram para que este fenômeno seja tão polêmico na comunidade acadêmica e tão significativo na atual sociedade.

Do ponto de vista histórico, os primeiros relatos sobre sua prática vêm da Grécia Antiga, onde as manifestações competitivas eram consideradas como jogos sagrados de glorificação aos deuses e também como homenagem aos heróis-guerreiros mortos durante os combates (CABRAL,2004). Os gregos consideravam as manifestações competitivas como forma de valorizar aqueles que se destacavam em suas atividades e desta forma sustentar o ideal de vida da época que era o alcance da perfeição em busca da purificação do espírito. Esse "clima" competitivo e o ideal de "ser sempre o melhor" se estendiam por toda sociedade, o que influenciou significativamente o processo de educação grego. Mas competir apenas não bastava para que a perfeição fosse alcançada. Tendo como base o mito de Aquiles – que, durante sua infância, foi educado pelo centauro Quíron, que além de exercitar o seu corpo, ensinou-lhe a arte de tocar lira, a poesia e o canto – observa-se que o ideal de educação dessa sociedade consistia também no ensino das letras e da música como forma de trazer equilíbrio e harmonia ao espírito e desta forma elevar o homem a perfeição, na busca de uma condição divina (CABRAL, 2004).

Já o termo esporte, surgiu somente no século XIX, na Inglaterra, caracterizado como atividades de tempo livre. Estes, que eram chamados de "*sport*", rapidamente começaram a ser praticados em outros países ampliando suas fronteiras e criando a necessidade de uma maior regulamentação e uniformização, culminando na codificação do jogo. Conforme Elias (1992) devido a essa grande expansão, percebeu-se também a necessidade de criação de órgãos que pudessem sustentar as regras específicas de cada modalidade - já que na medida em que elas passavam a ser incorporadas a uma determinada cultura eram modificadas para melhor satisfazer as necessidades locais – nascendo assim as instituições federativas esportivas. Estas por sinal passaram a organizar competições de forma a comparar as unidades territoriais intensificando o nível competitivo, caracterizando assim o Esporte Moderno.

Já em 1896 o francês Pierre de Coubertin relançou os Jogos Olímpicos com o intuito de fazer deles um momento de valorização da competição sadia e leal, do culto ao corpo e que servisse de exemplo para o mundo e assegurar a paz universal. As bases fundamentais desse mobvimento acentavam-se sobre o ideal do amadorismo e do fair-play. (Rubio, 2003).

Atualmente o esporte se vê mergulhado em profundas discussões, principalmente por mudanças sofridas durante as últimas décadas do século XX. O ideário proposto por Coubertain de reviver os tempos gregos se viu obrigado a ceder espaço a interesses políticos e econômicos e aquilo que o Movimento Olímpico defendia como princípios fundamentais de participação e conduta, como o amadorismo e o *fair-play*, foram abolidos ou substituídos no ideário Olímpico para atender as necessidades e/ou tendências internacionais ditadas pelo sistema capitalista.

Diante da nova realidade esportiva Tubino (2001, p.11) nos remete as conseqüências destes acontecimentos:

"Se, por um lado, surgiram a busca de vitórias a qualquer preço, o profissionalismo disfarçado, as exacerbações dos resultados, maior interferência do Governo no esporte e conseqüentemente na sociedade, casos cada vez mais constantes de doping e suborno, o esvaziamento do fair play, por outro lado não é possível negar que o movimento esportivo mundial cresceu muito, e paralelamente, aumentou a importância social deste fenômeno, pelas crescentes implicações que provocou."

O esporte chega ao século XXI cercado de interpretações e definições indicando uma tentantiva de entendimento sobre qual seu significado e papel para a sociedade. E nessa tentativa, vários autores polemizam sobre o tema na busca de definir um conceito. Para alguns o esporte é considerado um fenômeno específico de caráter institucional, que visa competição e valorização do vitorioso; enquanto outros defendem que é uma atividade bastante ampla, que pode ser adaptada e transformada de acordo com as necessidades da sociedade. Nesta segunda possibilidade encontramos o esporte-rendimento, esporte-saúde e o esporte-educacional. Para aqueles que defendem o esporte como fenômeno específico encontramos Helal (1990), Mariz de Oliveira (1997), Verenguer (1989), Betti, M (1983). E para aqueles que o defendem como atividade que possui outras possibilidades encontramos Barbieri (2001), Tubino (2001), Korsakas (2001) e Tani (2000).

Toda essa preocupação em querer definir o que é o esporte na sociedade contemporânea surge em função da crescente importância que se deu a esse fenômeno nos últimos anos. Rubio (2003) relata que desde a primeira edição dos Jogos Olímpicos da era moderna em 1896 até a Sidney em 2000 o número de modalidades disputadas passou de 9 para 26, os países participantes de 13 para 197 e o número de atletas de 250 homens para mais de 10 mil entre homens e mulheres.

Tais fatos afirmam o status de fenômeno sociocultural que o esporte alcançou e como tal, tem influenciado costumes e valores da sociedade. Quando a questão é relacioná-lo com a educação paira a dúvida de como o esporte pode contribuir na formação de crianças, jovens e adolescentes. Nesse breve resgate histórico, observa-se que o esporte esteve invariavelmente vinculado a aspectos educacionais e formativos em diferentes sociedades, tanto na Grécia helênica como na sociedade moderna onde o ideário de Coubertin foi desenvolvido, dando origem aos Jogos Olímpicos da Era Moderna.

Mas em tempos atuais diante das constantes transformações, será que o esporte educa?

Ensino do esporte na educação contemporânea

Conforme discutido anteriormente, o esporte vem sofrendo profundas transformações tanto em seus objetivos, como em sua prática, em um processo que dura séculos. O que era conhecido inicialmente como uma prática de tempo livre da aristocracia atualmente está vê transformado e adequado à sociedade regida pelo modo de produção capitalista. Nessas circunstâncias o objetivo maior da ação esportiva projeta-se na busca do máximo de rendimento e a vitória em qualquer circunstância.

No entender de Verenguer (1889) a condição do esporte contemporâneo está diretamente relacionada com a competição, a performance, a motivação extrínseca e a inflexibilidade das regras que vão ao encontro, seqüencialmente, da valorização do vitorioso sobre o perdedor, privilegiando assim o resultado, a recompensa material (salários, prêmios, visibilidade) e a conquista de objetivos específicos quase sempre individuais.

Já para Korsakas (2002b) o rendimento no esporte não deixa de ser um desejo latente de uma sociedade que é submetida à pressão pela busca de resultados em diferentes situações a todo o momento, sendo que este fato não se restringe somente a prática esportiva. Exemplos desta afirmação podem ser encontrados no cotidiano, como ser o primeiro na lista de aprovados do vestibular, o melhor funcionário do mês ou o melhor aluno da turma.

Ou seja, o esporte vem representar o comportamento comum de uma parte da sociedade que precisa de exemplos para concretizar aquilo que ela traz de essência. Se de fato houve transformação ao longo desse tempo, foi justamente pela necessidade desta parcela se auto-afirmar como competitiva, individualista e excludente.

Não muito longe desta idéia podemos citar o esporte praticado nas escolas em horários extra-aulas. Este, que é conhecido por esporte-escolar ou educacional, tem sido uma proposta de inúmeras escolas para ensinar crianças e jovens a serem competitivos, condição básica de sobrevivência (Sayão, 2004).

Sobre o esporte na escola Korsakas (2002b: 85) afirma:

"...não são raras as vezes em que a grande preocupação de ter equipes competitivas nas escolas sobrepõe-se a intenção de ensinar o esporte para os alunos. Assim, qualquer proposta pedagógica é facilmente substituída por um determinado número de bolsas de estudos oferecidas a alguns poucos talentos, e as aulas de Educação Física transformam-se em celeiros."

E assim o esporte passa a ser praticado nas escolas cercado de valores para uma formação específica que visa ganhar títulos, preparar os jovens para uma vida adulta competitiva, sendo sustentado por uma proposta pedagógica que dá sustentação a esta visão. Assim, o que se chama de esporte-escolar pode ser compreendido também como esporte-performance e a esse processo denomina-se pedagogia do rendimento (Korsakas, 2002b).

O sentido de rendimento que se apresenta nessa proposta vai de encontro às discussões que envolvem o processo de educação e a formação das crianças que ocorreu ao longo do último século. Segundo Korsakas (2002b) a infância vem sofrendo um processo de adultização precoce, resultante de uma combinação complexa que abriga a idéia de que a preparação da criança para o mundo adulto deve ser acompanhada do ritmo acelerado da sociedade contemporânea, bem como de seus inúmeros processos competitivos. Assim, a autora afirma que *" o caminho mais curto para se preparar a criança para a vida adulta é torná-la adulta mais rápido possível."* (Korsakas, 2002b: 87).

Tal lógica se perpetua no esporte quando se observa o grau de exigência de professores, técnicos, pais e diretores sobre as crianças quanto ao cumprimento dos horários, dedicação aos treinamentos, exigência de eficiência técnica, entre outros. O que a primeira vista parece apresentar elementos importantes para a formação da criança pode ser uma representação do mundo adulto no mundo infantil, o que vai ao encontro com as palavras de Korsakas (2002b: 87) *"...transformar a criança que joga brincando em um atleta que rende jogando".*

Sobre este aspecto é importante considerar as reflexões de Sayão (2004) sobre o processo de educação em relação ao processo de formação dos jovens. Se a aposta é numa educação que estimula a competitividade estamos submetendo as crianças e os adolescentes a um único estilo de viver, limitando as possibilidades de escolhas e apontando para um mundo de uniformização.

Supondo que o propósito da educação é formar indivíduos para o exercício da cidadania, fica evidente que o modelo educativo que temos não condiz com aquilo que realmente desejamos. Ao voltarmos os olhos para o esporte, o tipo de formação para cidadania que se promove é a do rendimento a qualquer custo.

Rodrigues (2001) afirma que o exercício da cidadania está estruturado em três fundamentos: na liberdade, na autonomia e na responsabilidade. É a partir da consciência e da interação desses fundamentos que o indivíduo terá a clareza dos seus direitos, deveres e atitudes como cidadão.

Ensino do esporte para o exercício da cidadania

Barbieri (2001) acredita em uma educação pautada na visão emergente-emancipadora, cujo elemento fundamental para sua execução está na possibilidade do desenvolvimento da autonomia e da emancipação, ou seja, a capacidade do indivíduo conduzir seu próprio processo de reformação.

Dentro do processo educativo o desenvolvimento da autonomia baseia-se em ensinar a criança a ser capaz de regular seus interesses com independência e autodeterminação, entendendo que ser autônomo é reconhecer a autonomia do outro (Korsakas, 2002b). Desta forma, a postura do educador que se tinha até então, sofre profundas transformações nesta nova proposta. Se antes havia uma crença de que para ensinar era necessário que o educador fosse o detentor de todo o saber e que a construção do conhecimento baseava-se na transferência de informações, nesse novo momento a figura de um educador ideal contempla a capacidade de ouvir demandas, compartilhar saberes e oferecer experiências, atuando como facilitador, como mediador das questões presentes.

Assim, o processo de educação parte da construção conjunta entre educador e educando, de uma relação de reciprocidade, em que cada um constrói seu próprio conhecimento a partir das experiências que o outro tem a oferecer.

Sobre isso, Barbieri (2001: 87) relata:

"Nesta nova visão de educação... tanto o educador quanto o educando devem ser considerados em seu inacabamento. Não no sentido de que o homem ainda não está acabado, mas no sentido que jamais estará pronto."

Mediante esta proposta, cabe-nos refletir sobre as possibilidades do esporte agregar valores e apresentar um conteúdo que seja compartilhado entre seus construtores (educadores e educandos) e que possa contribuir para a formação de um cidadão autônomo.

Interessado nas questões relacionadas a pedagogia do esporte Paes (1998:112) apresenta sua reflexão ampliando a discussão sobre a condição educativa desse fenômeno:

"O esporte é uma representação simbólica da vida, de natureza educacional, podendo promover no praticante modificações tanto na compreensão de valores como de costumes e modo de comportamento, interferindo no desenvolvimento individual, aproximando pessoas que têm, neste fenômeno, um meio para estabelecer e manter um melhor relacionamento social."

Nessa mesma direção Korsakas (2002b) acredita que o esporte pode contribuir com a proposta de uma educação emancipadora, uma vez que é tomado como uma expressão cultural da humanidade, presente na sociedade para satisfazer às necessidades e vontades humanas, podendo ele ser transformado e assumir significados diversos de acordo com seu contexto social e histórico. Mas para que ele alcance de fato toda essa importância é fundamental que ele seja integralmente executado em seu papel educativo.

Barbieri (2001) sugere que sendo o esporte uma expressão cultural da humanidade ele deve ser ensinado baseado em valores que buscam a identificação do ser humano com o mundo no mundo, não isoladamente, mas em comunhão, em solidariedade, em cooperação com o outro, de forma a humanizar o homem. Desta forma, o autor aponta o ensino do esporte apoiado nos princípios da totalidade, co-educação, emancipação, participação, cooperação e regionalismo.

O ensino do esporte sob o princípio da *totalidade* é fazer compreender o homem por inteiro, tanto consigo quanto com o mundo; tanto na sua unidade quanto em sua diversidade, considerando aquilo que o legitima como ser humano (as emoções, as sensações, os pensamentos e as intuições) como elementos indissociáveis.

Korsakas (2002b) apresenta a auto-referência como um aspecto fundamental neste processo. Estabelecer metas a partir da própria referência é oportunizar aprendizado e progresso a todos, pois o que estaria sendo avaliado é a capacidade de do indivíduo de se auto-superar e não a capacidade de superar o outro. A comparação de desempenho daria lugar à auto-avaliação e na medida do reconhecimento dos próprios potenciais e limites estaria aprendendo a compreender os potenciais e limites dos outros, desta forma, reconhecendo a sua unidade na diversidade.

O ensino do esporte pelo princípio da *co-educação* permite uma visão diferenciada a partir da possibilidade de uma construção conjunta entre educador e educandos, educador e educador, educando e educando, como aprendizes e pessoas diferentes, em que um aprende com o outro por meio de trocas de experiências e por uma relação de reciprocidade.

Nessa perspectiva os educandos não são tomados como "lousas vazias" que precisam ser preenchidas, mas são entendidos como pessoas que possuem uma história pregressa, e por isso um conhecimento. Isso significa um repertório prévio e na medida que for solicitado ele poderá ser compartilhado com outros educandos, abrindo-se espaço para novos aprendizados e o contato com o diferente.

Na medida que isto vai se concretizando afirma-se o princípio da *cooperação*, pois ao se perceber que por meio do contato com o outro é possível aprender e construir abre-se a possibilidade de criação de um espaço para a união de esforços e conquistas de objetivos comuns, o que vem favorecer o potencial de solidariedade, parceria e confiança mútua entre os participantes.

O esporte praticado sob o princípio da *participação* permite perceber o ser humano como transformador do meio no qual está inserido, como agente construtor de uma nova realidade que se fundamenta na co-gestão, na co-responsabilidade e no compromisso social.

Korsakas (2002b: 91), por meio de um exemplo, demonstra como podemos adotar o princípio da participação no esporte infantil:

"Em uma equipe que pratica futebol... o educador tem algumas opções de como propor uma atividade para treinar jogadas de ataques para superar um sistema ofensivo. Se o próprio sistema é colocado como uma situação-problema para que as crianças criem modificações de ataque, o educador assume um papel mediador nessa relação, orientando-as nas busca de possíveis soluções, em um processo de construção conjunta. Em vez de repetir jogadas ensaiadas criadas por um adulto, as próprias crianças dão sentido as suas ações táticas, o que estimula a participação de todos como protagonistas no processo de ensino aprendizado."

O princípio da *emancipação* no ensino do esporte fundamenta-se no processo de formação do homem como ser autônomo e independente. Na medida que esta formação se constrói as pessoas percebem seu potencial e limites para que possam intervir na realidade de forma criativa, autêntica e capaz de elaborar as suas próprias razões de existir (Barbieri, 2001).

Sobre este foco é necessário que as pessoas sejam percebidas como seres culturais que trazem consigo valores e um histórico de vida que se construiu no contato com seu grupo de referência primário, a família e os demais grupos sociais. Desta forma, podemos relacionar o ensino do esporte ao princípio do *regionalismo,* que busca resgatar as heranças culturais e também valorizá-las mediante a diversidade cultural presente na história do mundo: *"História que conta a totalidade humana, no palco da unidade, iluminada pelos holofotes da diversidade."* (Korsakas, 2002b: 91)

Assim, esses princípios, que norteiam o esporte como via de construção de valores educacionais para a formação do cidadão autônomo, interage um com o outro atendendo àquilo que Barbieri (2001) chama de visão emergente-emancipadora.

Considerações finais

Ao analisar o esporte numa perspectiva educativa percebe-se algo maior do que apenas sua relação com a educação. É possível percebê-lo como intrinsecamente educacional, pois independente do seu direcionamento ou intencionalidade, seja ele rendimento, saúde ou educação, qualquer sentido que se dê à sua prática, há a promoção de mudança de comportamentos que afetam diretamente os valores individuais e coletivos da população. Essas alterações transformam-nos seja para uma educação com a finalidade da promoção de uma cidadania autônoma, crítica e solidária, seja para formação de um sujeito individualista, uniforme e excludente.

A idéia do esporte ser orientado por uma visão emergente-emancipadora permite compreendê-lo como um instrumento de construção de valores educativos, substituindo a visão funcional, mecânica e determinista que por muito tempo ele apresentou. É acreditar em seu potencial de prática significativa e singular com as inúmeras realidades e necessidades que se apresentam em uma sociedade multicultural. É afirmar que o esporte, enquanto ferramenta educacional, pode colaborar na formação de cidadãos autônomos em uma sociedade solidária.

E assim nos cabe pensar que tipo de cidadãos queremos formar e que tipo de cidadania queremos promover. Que o esporte é mais uma ferramenta importante no processo de formação de jovens e o que vai garantir que esta prática seja realmente significativa, condizente com a realidade e que promova uma cidadania autônoma e solidária será a capacidade do educador de se perceber agente transformador da própria realidade, neste caso, a realidade da educação e do próprio esporte.

Referências Bibliográficas

BARBIERI, C.A.S. **Esporte educacional: uma possibilidade para a restauração do humano no homem.** Canoas, R.S: Ulbra, 2001.

BETTI, M. **Educação Física: dessemelhanças e identidade com o esporte e o jogo.** Informativo APEF, São Paulo, v.6, p.10-2; v. 7, p. 9-10, 1983.

BROTTO, F.O. **Jogos cooperativos: o jogo e o esporte como um exercício de convivência.** Santos: Projeto Cooperação, 2001.

CABRAL, L.A.M. **Os Jogos Olímpicos na Grécia antiga: Olímpia Antiga e os Jogos Olímpico.** São Paulo: Odysseus, 2004.

ELIAS, N. A gênese do desporto: um problema sociológico. In: **A busca da excitação.** Lisboa: Difel, 1992, pp 187-221.

GO TANI. **Esporte e processos pedagógicos.** In: MOREIRA, W.W.; SIMÕES, R. Fenômeno esportivo no inicio de um novo milênio. Piracicaba: Unimep, 2000.

GONZÁLEZ J.I.B. **Materiales de sociología del deporte.** Madrid: Ediciones Edndymión, 1993.

HELAL, R. **O que é sociologia do esporte.** São Paulo: Brasiliense. 1990.

KORSAKAS, P. O esporte infantil: as possibilidades de uma prática educativa.In: DE ROSE JR. **Esporte e atividade física na infância e na adolescência: uma abordagem multidisciplinar.** Porto Alegre, RS: Artmed, 2002.

KORSAKAS, P. **Os encontros e desencontros entre esporte e educação: uma discussão filosófico-pedagógica.** Rev. Mackenzie de Educação Física e Esporte, ano I, n.1 São Paulo, 2002.

MARIZ DE OLIVEIRA, J.G. Esporte: Caracterização e Conceitualização. In: TAMBUCCI, P. L.; MARIZ DE OLIVEIRA, J. G.; SOBRINHO, J. C. **Esporte & Jornalismo.** São Paulo: Cepeusp, 1997.

PAES, R. R. **Esporte educacional**. In: Congresso Latino Americano de educação motora, 1. Foz do Iguaçu, 1998.;Cogresso Brasileiro de educação motora, 2. Foz do Iguaçu, 1998. Anais. Campinas: Unicamp: FEF/dem, 1998. p 109- 114.

RODRIGUES, N. **Educação: da formação humana à construção do sujeito ético.** Educação e Sociedade, ano XXII, n° 76, outubro/2001.

RUBIO, K. **Do Olimpo ao Pós-Olimpismo: elementos para uma reflexão sobre o esporte atual.** Rev. Paulista de Educação Física, vol. 18, n. 4. São Paulo, 2004.

RUBIO, K. **Medalhistas olímpicos brasileiros: memórias, histórias e imaginário.** São Paulo: Casa do Psicólogo, 2006.

SAYÃO, R. **As regras e as lições do esporte**. Folha de São Paulo, 28 de outubro de 2004, folhaequilibrio, p.12.

TUBINO, M. J. G. Dimensões sociais do esporte. São Paulo: Cortez, 2001.

VERENGUER, R. C. G. **Sobre a premência do estudo do fenômeno esporte**. Rev. Paulista de Educação Física, n° 3, vol.5, jul./dez. São Paulo, 1989.

COMPROMISSO SOCIAL NA PRÁTICA

FÁBIO SILVESTRE DA SILVA - JOSÉ ANÍBAL AZEVEDO MARQUES

Introdução

O tema da responsabilidade e compromisso social da atuação do profissional psicólogo está cada dia mais presente nas agendas de discussões da sociedade como um todo e principalmente pelo próprio Conselho da classe. O presente texto nos desafiou a pensar as várias possibilidades de atuação do psicólogo e, por esse motivo, escolhemos um árduo caminho que pretende tratar das questões que envolvem a articulação das áreas do Esporte, da Educação, Psicologia e compromisso social na atuação do(a) psicólogo(a) a partir da nossa experiência no Projeto Esporte Talento (PET).

A cada dia temos visto o aumento de trabalhos que utilizam o esporte com ferramenta de inclusão social. Muitos desses projetos sociais, nesta vertente esportiva, ao invés de utilizar o potencial educativo do esporte para favorecer o desenvolvimento global de crianças e adolescentes, ampliando seus horizontes e perspectivas de vida, são meros reprodutores do sistema que divide, classifica e vigia. Entendemos que falar de desigualdades, miséria e das principais dificuldades do país é menos prazeroso que falar de técnicas de intervenção, resultados e grupos, mas não podemos ficar cegos aos acontecimentos do país, ainda mais quando podemos, enquanto área de conhecimento, produzir possibilidades de reversão desse quadro de desigualdades.

Neste sentido o PET, como um projeto social cuja ação é com esporte e com um público beneficiário composto por crianças e adolescentes, tem nos mostrado que os objetivos primordiais são: a educação para formação integral, a educação para a cidadania e, conseqüentemente, a inclusão social. O esporte deve servir de aprendizado para a vida em sociedade, a participação deve ser o principio básico, o acesso à prática esportiva deve ser garantido como direito fundamental a todos conforme consta no Estatuto da Criança e do Adolescente, o ECA (Brasil, 1990). Porém, o que se tem notado em muitos projetos que envolvem esporte é a especialização precoce preparando crianças e adolescentes para a competição e visando a criação de talentos, sem grandes preocupações com aspectos afetivocognitivos que serão despertados por esta prática. Busca-se aqui o entendimento das diversas possibilidades de atuação que o profissional da Psicologia tem, mas que ainda não sabemos da existência de uma reflexão assertiva a respeito dessa condição. Isso porque é notório que grande parte dos profissionais e dos professores formadores estão focando sua produção na elaboração de estudos que visam o desenvolvimento de fórmulas para melhorar o desempenho de atletas com fortes valores voltados para o alto rendimento.

Conhecendo um pouco do Projeto Esporte Talento (PET)

O PET é um dos projetos integrantes do Programa Educação pelo Esporte (PEE), uma parceria entre o Instituto Ayrton Senna (IAS), em aliança estratégica com a Audi Ag, e 13 universidades[1]. O objetivo do PET é adotar, desenvolver e difundir a educação pelo esporte como uma metodologia de educação para o desenvolvimento humano. Visa desenvolver as competências pessoais, sociais, produtivas e cognitivas das crianças e adolescentes; propiciar à equipe técnica condição que lhe permita o entendimento pleno, a adesão pessoal e a prática conseqüente da metodologia de educação pelo esporte; sistematizar e disseminar o paradigma da educação pelo esporte, melhorando as iniciativas existentes e gerando novas iniciativas.

O PET teve início em 1995, como o primeiro projeto desenvolvido pelo Instituto Ayrton Senna em parceria com a Universidade de São Paulo. O Projeto tem capacidade para atender 450 crianças e adolescentes entre 8 e 18 anos, estudantes das escolas públicas e moradores das comunidades que circundam a USP, como por exemplo, São Remo, Jaguaré e Rio Pequeno.

A admissão das crianças e adolescentes é feita em parceria com as escolas, cruzando-se informações sociais e econômicas para

---

[1] Todas as informações que se seguem em relação à história do Projeto Esporte Talento foram extraídas do Projeto Pedagógico elaborado pela coordenação do PET sob orientação do coordenador geral Marcos Vinícius Moura e Silva.

atender prioritariamente àqueles que têm menos oportunidades e se encontram em situação de risco pessoal e social. Por meio de fichas preenchidas pelos familiares, verifica-se como é constituída a renda familiar, as oportunidades de inserção que as crianças estão tendo nas escolas ou em outros espaços públicos ou privados.

O projeto também tem como público os próprios educadores envolvidos e a sociedade como um todo e, mais especificamente, os familiares das crianças e adolescentes, as escolas públicas da região, as instituições - inclusive universidades - que trabalham ou queiram trabalhar com a metodologia, as instituições da região do Butantã que trabalham na área social e os programas sociais de extensão da USP.

Por ter o seu foco no desenvolvimento humano e na educação como principal caminho na busca deste objetivo, o PET entende a família e a escola como parceiros fundamentais. Busca-se um acompanhamento e uma troca contínua de informações com as escolas e os familiares, inclusive com a assinatura de um termo de compromisso dessa relação escola - PET - famílias. Agregando a esse aspecto o princípio da incompletude institucional o PET não atende crianças que não estejam matriculadas nas escolas públicas parceiras, mas se integra e procura fortalecer ações e instituições que trabalham com esse público, se prontificando em atender crianças em processo de encaminhamento e retorno à escola.

A responsabilização da família nesse processo educativo também é princípio, incluindo, além da assinatura de um Termo de Compromisso, a realização de encontros e eventos para um envolvimento dos familiares e um acompanhamento do desenvolvimento das crianças e adolescentes nos diversos espaços sociais através dos olhos dos agentes educativos mais próximos (família, escola e Projeto). As demandas de familiares com dificuldades no relacionamento e educação dos seus filhos vêm, nesta perspectiva, sendo desenvolvida e coordenada pela área de Psicologia. No entanto, entende-se como fundamental a criação de um vínculo e uma relação de confiança com todos os familiares para facilitar o contato cotidiano, criando-se uma cumplicidade para, quando necessário, falar sobre o desenvolvimento das crianças e adolescentes como uma ação de todos os educadores envolvidos.

Nesse processo de co-responsabilização, os educandos freqüentam o PET quatro vezes por semana em horário alternado ao escolar, possibilitando que, no dia que resta da semana, família, escola e comunidade assumam e disponibilizem outros recursos e espaços de convivência. O PET se implica nessa questão procurando conhecer, compreender e ser mais um canal de comunicação entre a realidade da comunidade, os familiares, as crianças, os adolescentes e os educadores. Isso ocorre por intermédio da participação em espaços comunitários, como redes e fóruns.

Neste dia que os educandos não estão no PET a equipe faz seu planejamento buscando, dessa forma, garantir a qualidade da prática pedagógica e um processo de formação continuada para os educadores envolvidos. A equipe interdisciplinar é composta por coordenadores e educadores-bolsistas (estagiários) das áreas da Educação Física, Esporte, Pedagogia, Psicologia, Artes e Comunicação, totalizando aproximadamente 35 educadores. Esses desenvolvem o planejamento semanal a partir de um planejamento semestral contextualizado de acordo com a evolução e desenvolvimento do grupo, procurando propiciar atividades e uma postura na relação com os educandos que facilite o alcance dos objetivos propostos. Portanto, não há uma grade fixa de atividades esportivas, de artes, de leitura e escrita, de informática, mas considerando o esporte como eixo estruturador das ações educativas e o potencial de cada uma dessas atividades, tem-se por objetivo estimular o desenvolvimento de competências pessoais, sociais, cognitivas e produtivas essenciais para o desenvolvimento humano.

As crianças e adolescentes fazem parte dos grupos de acordo com a sua faixa etária. As atividades desenvolvidas junto ao grupo de faixa etária de 08 a 10 anos têm um caráter de "iniciação esportiva generalizada", com ênfase nas combinações das habilidades motoras básicas, na exploração de vivências e desafios, no lúdico, no resgate de brincadeiras, na estimulação da imaginação e criatividade. As atividades para o grupo de 11 e 12 anos têm um caráter de "iniciação esportiva específica", com a utilização de elementos comuns às diversas modalidades esportivas individuais e coletivas e a ampliação das experiências motoras por meio, principalmente, de jogos pré-desportivos. O grupo seguinte, de 13 e 14 anos, tem a opção de escolher 2 ou 3 modalidades esportivas a serem praticadas durante 01semestre e, a partir das modalidades escolhidas pelo grupo, cada adolescente opta por uma delas ou o grupo busca uma forma de organização e rotina que harmonize, de forma sociocrática, as escolhas. No grupo etário mais velho, de 15 a 18 anos, a proposta é de uma atuação voltada à profissionalização e o mercado de trabalho, visando a preparação para ingresso no mundo adulto. Aqui, o esporte tem uma perspectiva de atuar na promoção de qualidade de vida e benefícios à saúde.

Re-significação da prática profissional

Pensar criticamente o compromisso social e o papel da psicologia dentro do PET requer uma retomada histórica para produzir uma reflexão das várias experiências vividas[2]. A psicologia teve a sua primeira inserção por meio de reuniões com a diretoria e profissionais envolvidos. Havia um aparente interesse, porém, sem clareza, a respeito desta participação, mas com uma demanda focada na sobrecarga emocional dos profissionais. Neste caso, o(a) psicólogo(a) era visto como aquele que *resolveria os problemas de ordem emocional* quando surgissem, no intuito de auxiliar os profissionais do esporte a lidarem com eles. Diante do que se apresentava, o trabalho foi desenvolvido em três vertentes: a) grupos para crianças e adolescentes; b) plantão psicológico para alunos, parentes e profissionais do PET; c) Supervisão de Apoio Psicológico para os profissionais do Projeto. Esse modelo não se sustentou.

O Projeto passou por várias mudanças estruturais e metodológicas necessitando redimensionar também a atuação da Psicologia. Assim, o trabalho migrou de uma atuação prioritariamente clínica para uma abordagem de campo, com estagiários e profissionais atuando diretamente no cotidiano com o grupo de educadores e educandos. Era o inicio da proposta de atuação interdisciplinar.

Esse modelo durou alguns anos e a Psicologia passou a ficar mais integrada ao Projeto, mas ainda existiam questões que rondavam

---

[2]As informações referentes ao caminho trilhado pela Psicologia no Projeto Esporte Talento foram extraídas de documento elaborado por Juliana Rittes, que atuou como psicóloga e educadora de 1998 a 2003. Esta nota justifica-se por este documento não ter sido publicado e, por isso, não poder constar nas referências bibliográficas.

o trabalho de todos os profissionais envolvidos. Como trabalhar o esporte e a educação? Qual contribuição da Psicologia nesta proposta? Com relação à primeira questão é importante apontar que havia dificuldade de muitos profissionais da área do esporte e educação física em trabalhar a nova proposta, uma vez que vinham de uma formação que dava ênfase ao esporte de rendimento, e também dos profissionais da área da psicologia pela falta de referência para a atuação no ambiente esportivo. Essa proposta do esporte como meio de uma educação integral soava estranho, pois ainda havia uma dicotomia entre esporte e educação e entre Psicologia e Esporte.

Os estagiários de Psicologia acompanhavam uma modalidade esportiva procurando levantar suas necessidades e planejando intervenções de acordo com a demanda que surgia. Os profissionais formados acompanhavam e apoiavam o trabalho dos estagiários além de participar de todas as atividades, tais como reuniões e planejamentos com os outros profissionais do Esporte e da Pedagogia. Estes profissionais eram denominados *Supervisores de Campo* e tinham como função facilitar o processo de significação da atuação desenvolvida por todos aqueles envolvidos no trabalho, assim como promover ações para que a intervenção deixasse de ser um mero processo de ensino, para fortalecer-se como meio educativo.

Em um determinado momento, os profissionais da equipe de Psicologia perceberam que estavam tornando-se "tarefeiros", ou seja, executores de tarefas, e distanciando-se do motivo que os levou ao PET. Na busca por um espaço, aceitaram a posição de responsáveis por determinadas atividades e abandonaram a função original de auxiliar a equipe na construção de ações que propiciassem a educação por meio do esporte. Quase esqueceram também dos maiores interessados nisto tudo: as crianças e adolescentes. Na preocupação de buscar atividades interessantes esqueceram de ouvi-los. Admitiam o que julgavam importante como o melhor e tentavam passar para os educandos. Isto nem sempre fazia sentido.

Diante disto, a equipe de Psicologia decidiu mudar sua prática. Reformulou funções dentro da equipe e passou a priorizar o estabelecimento de um trabalho conjunto de todas as áreas: Psicologia, Pedagogia e Esporte. Foi um período atribulado, com muitas discussões e tentativas de encontrar um caminho.

O ano de 2001 foi marcado por muitas discussões e por um momento crucial onde ficou claro que alguns pontos estruturais e metodológicos do PET não eram coerentes com os objetivos estabelecidos. Isto acarretou em inúmeras transformações que culminaram com uma nova etapa do PET, iniciada em 2002. Deste caminho percorrido, destacam-se momentos importantíssimos para a evolução do trabalho dentro do Projeto. O primeiro deles ocorreu quando a equipe de Psicologia abandonou o lado puramente clínico e isolado e foi a campo conhecer de perto a realidade dos educandos e dos educadores e, constatando o que nos diz a história do pensamento psicológico brasileiro, foi perceber o educando real sem pareá-lo aos construídos pelas teorias psicológicas. O segundo é concomitante ao primeiro, pois marcou o início de um pensamento mais crítico e reflexivo que é vivenciado e estimulado nas supervisões. Este momento caracterizou-se pela percepção interna – vinda dos profissionais - de que eram necessárias mudanças quando ao compromisso social de cada um para que estas se tornassem autênticas e viáveis. Atualmente a Psicologia atua diretamente com os educandos por meio do trabalho dos educadores-bolsistas, dos coordenadores de grupo e do coordenador de área. Quanto aos educadores pretende-se dar maior ênfase na formação de todos, mas com o olhar voltado a esse que será um profissional da Psicologia com forte compromisso social.

Assim, entendemos que o esporte, contextualizado sóciopoliticamente, pode se tornar um instrumento de interpretação da realidade por meio da discussão e da reflexão crítica de sua prática, atuando assim, como uma linguagem que visa a facilitar o processo educativo e ampliar as possibilidades de atuação profissional do(a) psicólogo(a), concretizada na sua intervenção por intermédio de ações educativas.

Psicologia, Esporte e Educação

Para pensar a educação, entendida como um processo contínuo, inserida no ambiente esportivo, é necessário refletir sobre como este ambiente se configura e se estabelece nos dias de hoje para que as ações educativas, nesta perspectiva apresentada, possam ser funcionais.

Como foi visto, o esporte hoje precisa ser pensado e estudado não mais como uma simples prática, mas sim como algo muito maior, que não se limita ao jogar. É necessário pensá-lo como um fenômeno sociocultural. A visão de esporte presente hoje em nossa sociedade é a do esporte caracterizado pelo alto rendimento, pela performance máxima, pelo resultado e nenhuma outra possibilidade desta prática acaba sendo considerada com a devida importância que todas as manifestações deste fenômeno merecem. Por que isto acontece? Ao pensar o esporte é necessário levar em consideração onde ele está inserido. Nesse caso, em uma sociedade capitalista que valoriza o resultado, o produto, sem se importar, necessariamente, com o caminho traçado para que este resultado seja atingido. Sendo assim, tratar o esporte como um caminho para a educação de crianças e jovens demanda uma reflexão mais apurada e complexa.

A reflexão sobre um fenômeno sociocultural se caracteriza por não estar isolado em sociedade, mas, pelo contrário, estar totalmente inserido dentro de um contexto que o influencia ao mesmo tempo em que também é influenciado por ele.

O ambiente esportivo tem a particularidade de organizar um grande número de pessoas se submetendo à autoridade de um único indivíduo: o técnico esportivo (Cheladurai, 1984). Neste sentido, configura-se a importância que este profissional possui frente a formação de indivíduos por intermédio da prática de atividade física, bem como da prática esportiva, principalmente ao falarmos da iniciação esportiva realizada com crianças e adolescentes. Por intermédio dela estará sendo mediada a relação que a criança estabelecerá com os outros e com o mundo, podendo orientar sua atividade exclusivamente para a prática esportiva e a possível especialização, tornando-a um fim em si mesma. Ou ainda caminhar para o que é a verdadeira função do educador, que visa utilizar a prática esportiva como um meio para a formação do ser humano como um todo, estimulando potencialidades ao mesmo tempo que torna claro a seu praticante a consciência de seus limites.

Ao atuar como educador pode-se contribuir e estimular a formação conjunta de valores, auxiliando na construção da identidade do indivíduo praticante da atividade física e do esporte, pois orienta para os desafios da vida a partir do que encontra na prática esportiva, trabalhando noções de cidadania, relacionamentos interpessoais, características da competição, a importância da cooperação etc.

Assim, planejar suas atividades levando em conta essas questões, em como relacioná-las com a prática esportiva utilizando o aspecto lúdico presente no esporte como uma forma de comunicação pertinente e compreensível para a criança, faz com que ela assimile o conteúdo trabalhado para todas essas informações lhe façam sentido. Porém, nada disto se concebe se não se considerar o indivíduo envolvido diretamente nesta prática: a criança e o adolescente.

Cabe aqui refletir sobre quem é esta criança e adolescente e em que momento de seu desenvolvimento – seja ele motor, intelectual/ cognitivo, social ou emocional – se encontra. Considerando o desenvolvimento como um conceito amplo que envolve os domínios social, motor, emocional e cognitivo, podemos pensá-lo como um processo que se estabelece numa relação dialética. Ao mesmo tempo em que a criança e o adolescente necessitam de uma condição básica para desempenhar uma determinada tarefa, ao desempenhá-la, estimula e desenvolve os domínios necessários para sua realização.

Neste sentido, a contribuição de Vigotsky (1998) para pensar a função do mediador da prática esportiva faz-se fundamental. O autor concebe a idéia de que o aprendizado deve ser relacionado de alguma forma com o desenvolvimento da criança, mas não no sentido dela ser capaz ou não de realizar uma determinada atividade com base em níveis de desenvolvimento pré-estabelecidos, mas sim pensando nas reais relações entre desenvolvimento e capacidade de aprendizado (p.111). Para isso, é necessário que determinemos ao menos dois níveis de desenvolvimento. O nível de desenvolvimento *real*, no qual a criança tem suas funções mentais maduras e desempenha as atividades exigidas pela sua faixa etária em um determinado nível de desenvolvimento; e o nível de desenvolvimento *potencial*, no qual a criança ainda não tem as funções mentais com desenvolvimento completo, nem desenvolve as atividades exigidas pela sua faixa etária, mas está amadurecendo para isso. Esta "lacuna" é denominada *zona de desenvolvimento proximal* e significa que a criança que se encontra na fase de desenvolvimento potencial não solucionaria problemas sozinha, mas "sob a orientação de um adulto ou em colaboração com companheiros mais capazes" (p.112).

Sendo assim, a contribuição do profissional é essencial para o desenvolvimento destes indivíduos que praticam a atividade física e esportiva, pois quando uma atividade é proposta e alguma criança não consegue realizá-la, não necessariamente significa que ela é incapaz, e cabe ao educador(a) saber evidenciar o problema e estimular sua resolução pela própria criança de acordo com suas possibilidades.

Quando o educador não centra sua atividade exclusivamente na performance esportiva, mas no desenvolvimento global do indivíduo, incentivando a resolução de problemas por ele próprio, estimula a produção de sentido na atividade que este indivíduo realiza pois amplia suas possibilidades de ação, fato este que é fundamental para a construção de sua identidade.

Segundo Ciampa (1987), a construção da identidade acontece de forma dinâmica, em constante metamorfose. De acordo com o autor, as pessoas se constituem na relação entre consciência e atividade, caracterizando a identidade pela unidade entre subjetividade e objetividade.

Praticamente, pode-se dizer que a subjetividade da criança poderia se expressar pelo seu sentimento de não atuar buscando uma performance esportiva, mas sim fazer amigos, se divertir, agindo de forma a não superar os outros, mas buscando sua própria satisfação.

Neste caso, pensando na contradição presente entre desejo e atividade, vale ressaltar que, no processo de construção de identidade, a mudança de atividade não vem, necessariamente, acompanhada da mudança de consciência. Para que isso ocorra, é necessária a reflexão sobre a ação desempenhada, levando em consideração as condições históricas, sociais e psicológicas que propiciaram esta mudança, caracterizando assim, o processo de transformação de identidade. É neste sentido que o papel do mediador faz-se fundamental, quando a mediação do educador responsável pela prática esportiva é conduzida no sentido da estimulação da autonomia, da liberdade, da emancipação.

Ao trazer um repertório de possibilidades de ação fica explícito para esta criança as características lúdicas presentes no jogo, o prazer que pode retirar da sua própria prática, a importância da cooperação para a conquista de objetivos comuns, a hora *de* e *como* competir; contribuindo assim para ações emancipatórias do indivíduo.

Aqui, o trabalho interdisciplinar torna a atividade mais interessante e enriquecedora para o educando. Os profissionais, trabalhando juntos, devem compartilhar os objetivos que sustentam sua prática, considerando o grupo que têm à frente com seus objetivos e aspirações. Ao realizar a mediação da relação destes indivíduos com os outros e com a sociedade em que estão inseridos, por intermédio da prática esportiva, os profissionais envolvidos devem ter claro que estarão contribuindo para o desenvolvimento global destes indivíduos em todos os aspectos: social, ao trabalhar as relações interpessoais; cognitivo, ao pensar nas assimilações e exigências feitas por uma orientação; motor, quando trabalha as habilidades específicas da prática; psicológicos, ao considerar as possíveis repercussões de uma prática inadequada, com os sucessos e fracassos experienciados frente à realização de determinada tarefa.

Considerações finais

A formação do psicólogo remete a questões importantes: a realidade social que vem demandando a atuação deste profissional, além da diversidade teórica e a metodológica que faz parte de sua formação. Vendo o percurso realizado no PET percebe-se um quadro social bastante complexo com algumas características que devem ser consideradas. No seu processo de produção social há uma divisão do trabalho que separa os indivíduos em classes. Esta divisão reproduz uma relação maniqueísta e de manutenção da lógica capitalista. As relações sociais são essencialmente heterogêneas, de dominação, conflituosas e não podem ser analisadas fora do contexto internacional onde o Brasil tem mantido posições de subordinação econômica, social e cultural em relação ao grande capital.

O quadro encontrado nas comunidades atendidas por projetos sociais é de violência e miséria. Na medida que a sociedade é contraditória, mesmo que a exacerbação das desigualdades gere alternativas desagregadoras, infelicidade humana, perda da esperança, medo, massificação, enriquecimento dos valores, falta de reciprocidade, gera também gera formas de resistência cultural, de organizações populares, associações, sindicatos etc. Há e haverá sempre movimentos contra-hegemônicos, que permitem que as singularidades e espaços de auto gestão coletiva se produzam no trabalho cotidiano do instituinte.

Neste contexto, as instituições, o trabalho, escolas e famílias esperam comportamentos que mantenham um equilíbrio e uma produtividade adequada à reprodução das relações sociais de produção.

Se a idéia de construção cidadã compromissada e responsável de uma sociedade transformadora for considerada como um estado de bem estar de sujeitos singulares e ativos, conquistado nas suas relações objetivas, quem demandaria a atuação do profissional ou aspirante de psicologia na sociedade ou nos Projetos? E em que situação seria possível ser sujeito em uma sociedade que mercantiliza até as emoções?

Na prática muita coisa já evoluiu, mas ainda enfrentamos questões importantes tais como o tratamento psicológico dirigido à burguesia nos consultórios particulares, restando às classes populares o atendimento psiquiátrico como corretivo para o que é considerado um comportamento anormal.

No entanto, observa-se que, paralelamente a demanda social tradicional segmentada em áreas – escolar, organizacional e clínica – tem ocorrido, no Brasil pós-ditadura militar, um processo novo de discussão sobre os modelos de atuação psicológica em vários pontos do país. A luta antimanicomial, a participação dos psicólogos nas unidades de saúde, nos projetos sociais e comunitários e a assessoria a grupos populares, demonstram que novas possibilidades de atuação têm sido criadas buscando responder a outros tipos de demandas anteriormente negadas. É neste contexto que estão sendo construídas formas alternativas de atuação e de reflexão sobre o papel profissional e a contribuição da área de conhecimento na proposta interdisciplinar.

Considera-se que o profissional da psicologia deve procurar re-significar sua prática com a educação e com o esporte, entendendo-os como vias de desenvolvimento de potenciais, considerando o esporte como eixo articulador de ações educativas já que sua prática não se restringe ao lazer, a um chamariz motivacional ou à formação de atletas, mas engloba o conhecimento e a vivência desses e de outros aspectos, bem como a sua relação com aspectos da vida cotidiana.

O esporte dependendo da sua aplicação pode atuar como uma linguagem que visa a facilitar o processo educativo e ampliar as possibilidades de atuação profissional. Desta forma, os comportamentos gerados, refletidos, construídos e significados pelos indivíduos envolvidos nessa prática, e que constituem sua identidade em um processo contínuo e transformador, caracterizam o principal campo de atuação do(a) psicólogo(a) que atua nessa área, intervindo cotidianamente para proporcionar à população atendida a descoberta de outras possibilidades na construção de uma identidade tendente à emancipação, atualmente vetada não só pela desigualdade social, mas principalmente pela desigualdade de direitos e deveres.

Trata-se de discutir sobre uma atuação pautada nos conhecimentos próprios da área, porém sem a perspectiva de uma simples aplicação das teorias e práticas interventivas aprendidas durante os cursos de formação, mas sim a partir da necessidade de re-significação do papel do psicólogo, uma vez que as realidades mudaram e exigiram novas formas de atuação e de reflexão sobre as intervenções específicas desse profissional.

Referências Bibliográficas

CHELLADURAI, P. **Leadership in sports**. In (J.M. Silva; R.S. Weinberg, eds.) Psychological Foundations in Sport. Illinois: Human Kinetyics, 1984.

CIAMPA, A.C. **A estória de Severino e a história de Severina**. São Paulo: Brasiliense, 1987.

BRASIL. ESTATUTO DA CRIANÇA E DO ADOLESCENTE **Lei nº 8069** de 13 de julho de 1990.

MARQUES, J.A.; KURODA, S.J. **Iniciação Esportiva: um instrumento para a socialização e formação de crianças e jovens**. In: K. Rubio (org.). *Psicologia do Esporte: Interfaces, Pesquisa e Intervenção*. São Paulo: Ed. Casa do Psicólogo, 2000.

SPOSATI, Aldaíza de Oliveira. **A assistência na trajetória das políticas sociais brasileiras: uma questão em análise**. São Paulo: Cortez, 1989.

VYGOTSKI, L.S. **A formação social da mente**. São Paulo, Martins Fontes, 1998.

INICIAÇÃO ESPORTIVA E RESPONSABILIDADE SOCIAL

JULIO CEZAR SOARES DA SILVA FETTER - MARINA PENTEADO GUSSON - SIMONE MEYER SANCHES - THAIS FERNANDES SILVA

Segundo a Constituição Federal brasileira vigente, todo cidadão brasileiro tem direito a práticas esportivas, sendo, portanto, dever do Estado fomentar essas práticas formais e não formais (Art. 217). Ao se considerar esta questão do direito e se enveredar para o enfoque de crianças e adolescentes na perspectiva do Estatuto da Criança e do Adolescente[1], há também a questão desta população encontrar-se em uma fase ímpar de desenvolvimento.

O esporte pode ser vivenciado de diversas formas, variando de práticas de lazer a busca de alto rendimento, constituindo-se um fenômeno sócio-cultural plural. Devido a esta polissemia, a iniciação esportiva pode adquirir tanto o papel de um *fim* quanto de um *meio*.

O esporte se torna um *fim* quando é o objetivo. Nessa perspectiva, alcançar o aprendizado da modalidade esportiva é a finalidade da(s) ação(ões) e o esporte é o que se busca pela prática, por exemplo, quando uma criança quer aprender a jogar futebol e tem aulas para atingir esses objetivo.

Já quando o esporte é um *meio*, ele se aproxima de uma forma de linguagem, como um meio de comunicar e de educar, uma estratégia que facilita o contato e o interesse de crianças e adolescentes (Marques, 2004). Através de sua função de veículo, o esporte funciona como facilitador de processos, que pode ser, entre outros, o de estimular o desenvolvimento integral de seu protagonista através da mediação do profissional envolvido.

Torna-se, portanto, impossível falar de iniciação esportiva sem compreender para quem este esporte está sendo proposto, quem é este protagonista. Discutir-se-á neste ensaio a situação de crianças e adolescentes a quem são asseguradas, por lei e por outros meios,

---

[1] Para efeitos do ECA (Estatuto da Criança e do Adolescente), considera-se criança a pessoa até doze anos de idade incompletos e adolescente aquela entre doze e dezoito anos de idade.

"todas as oportunidades e facilidades, a fim de lhes facultar o desenvolvimento físico, mental, moral, espiritual e social, em condições de liberdade e de dignidade" (art. 3º do Estatuto da Criança e do Adolescente). Como conseqüência dessa expectativa, há uma responsabilidade ainda maior de que o esporte proposto a essa população seja coerente com seu desenvolvimento, estimulando-o em várias direções.

Vale destacar que a compreensão deste desenvolvimento inclui muitas facetas, não se restringindo apenas aos aspectos motores. Aqui a visão de desenvolvimento compreende dimensões biopsicossociais, envolvendo, portanto, aspectos relativos ao desenvolvimento cognitivo, emocional, físico que constituem sistemicamente a trama de um desenvolvimento integral.

Neste sentido, a iniciação esportiva constitui parte de um conjunto de ações que visa contribuir para o desenvolvimento integral de crianças e adolescentes com objetivos de longo prazo através de conquistas sucessivas e constantes.

No entanto, há também outra forma de se propor a iniciação esportiva enfatizando resultados de curto prazo. Nestes casos, a prática específica de uma modalidade é privilegiada em detrimento de uma formação mais geral que, gradualmente, caminharia para as modalidades específicas.

Esta ótica é potencializada pela atual ênfase nos esportes competitivos profissionalizados, onde elementos *"como força, superação de limites, vitória a qualquer preço e supremacia enquanto valores próprios refletem um modelo social vigente no qual associa habilidade-dinheiro-fama e, por vezes, poder"* (Rubio, Kuroda, Marques, Montoro & Queiroz, 1999). Questões como estas tiveram suas origens no esporte de alto-rendimento e se alastram pelo esporte de tempo livre e iniciação esportiva também, corroborando para o fenômeno da *especialização precoce*.

Especialização precoce e suas implicações

A especialização em uma determinada modalidade significa a busca pela perfeição do gesto técnico para a melhora de desempenho, e é importante que seja compreendida dentro de um *continuum* de desenvolvimento, ou seja, dentro de um processo mais amplo. Segundo Bompa (2002: 1), o treinamento esportivo adequado deve ser iniciado na infância "para que a atleta possa, progressiva e sistematicamente, desenvolver o corpo e a mente para alcançar a excelência a longo prazo e não o desgaste a curto prazo."

É muito importante que seja promovida uma base forte com ênfase inicial no desenvolvimento multilateral, mesmo que isto signifique uma demora maior na conquista de resultados, que apenas assim serão considerados consistentes. O desenvolvimento multilateral refere-se a várias habilidades fundamentais e à aquisição de uma boa coordenação que permitirá, no futuro, maior facilidade e possibilidade de sucesso em diversas modalidades coletivas e/ou individuais (Bompa, 2002).

Partindo-se da estrutura esportiva competitiva que leva a uma constante busca por resultados e ao aprimoramento do gesto técnico, as crianças são levadas a rapidamente se inserir em modalidades esportivas, e a viver cada vez mais precocemente a especialização. Muitos programas de iniciação esportiva direcionam aqueles que se destacam, ou mesmo aqueles que têm biotipo adequado para uma modalidade, para clubes e federações que visam atender ao mundo do esporte competitivo e profissionalizado chamado de alto rendimento.

Quintero (1994), em seus estudos, apresenta e discute a situação dos atletas heróis cubanos, mostrando suas frustrações, superações e conquistas para alcançarem o lugar de destaque mundial. No mesmo trabalho faz uma importante reflexão sobre as muitas crianças que passaram por esse processo apontando quantas infâncias foram substituídas por treinamentos para que alguns poucos alcançassem esse lugar de destaque.

É conveniente destacar a especialização precoce, sendo caracterizada pela alta dedicação aos treinamentos (acima de 10 horas semanais), objetivando a competição, sendo realizada antes da puberdade (Rodrigues, 2003). A especialização não se caracteriza pela inserção apenas em uma modalidade determinada, mas sim a exclusiva e intensiva dedicação à sua prática, ao invés de outras atividades diversificadas no seu tempo livre.

Personne (2001) considera que a prática específica de uma modalidade não deve sobrepor, quantitativamente, a prática multiforme antes dos 13 anos de idade e que, mesmo após esta idade, a prática diversificada ainda deve ocorrer, apontando para a importância de que o desenvolvimento da criança seja gradual e lento. Destaca ainda, que a questão da especialização é apoiada por diversos autores, que direcionam seu foco para os aspectos biológicos da criança - predisposições genéticas como taxa de crescimento e flexibilidade - para a inserção em determinada modalidade, ignorando outros elementos de seu desenvolvimento, reforçando o modelo social vigente.

Os riscos de lesões ósseas, articulares, musculares, cardíacas estão presentes na vida de qualquer um que se dedique intensamente a uma modalidade esportiva. Estas questões somadas ao fato da criança estar em um período crítico de crescimento e desenvolvimento de grande parte de suas estruturas biológicas podem levar ao prejuízo do processo de maturação, uma vez que seu organismo fica na tensão entre as demandas de crescimento e desenvolvimento que deve atender e as necessidades dos treinamentos e competições.

Acrescenta-se ainda, o fato da criança não se desenvolver de uma forma global também no seu aspecto motor, uma vez que seu repertório motor fica reduzido especificamente às exigências de determinada modalidade, o que pode levá-la a automatizar movimentos em detrimento de outros, tendendo ao empobrecimento de sua cultura corporal de movimento.

Observamos também as influências nos aspectos psicológicos da criança. O estresse das competições e as exigências por resultados (por parte dos pais, dos professores e de si mesma) são questões com as quais, dependendo de sua intensidade, a criança pode não estar preparada para suportar, podendo provocar altos níveis de ansiedade, frustrações, sentimentos de impotência, baixa auto-estima e desilusões, bem como um futuro relato de uma infância não vivida e uma formação escolar deficiente (Rodrigues, 2003).

As conseqüências da especialização precoce alcançam ainda a esfera social da criança, uma vez que ela dedicará parte do seu tempo à modalidade, passando a ser o ambiente esportivo a sede de seu ciclo. É nesse momento então que pode ocorrer o *burn out*, afastamento definitivo do esporte, resultado de um estresse crônico, ou mesmo o *drop out*, que se refere ao afastamento de uma modalidade esportiva, por mudanças de interesses ou reorientação de valores (Todt, Santos, Silveira & Kollet, 2002).

O afastamento de uma modalidade específica ou de todo o esporte deve ser tratado com muita cautela. Caso uma criança ou jovem viva o *burn out*, isso representará uma situação de sofrimento para quem a vivenciou, provocando conseqüências em outros aspectos de sua vida. Pode-se destacar a posterior dificuldade de adesão à prática de atividades físicas, assim como um conceito negativo de esporte.

Nessa perspectiva, terá que se observar a necessidade de um cuidado maior com a especialização esportiva de uma criança. Markunas (2005) observa que a criança necessita de uma rede complexa de apoio sendo que sua composição deve conceber indivíduos e organizações favoráveis. Assim, pensando prioritariamente na criança, acredita-se que ela poderá se desenvolver de uma forma global, não interrompendo seus processos de desenvolvimento e respeitando suas necessidades e vontades.

Entendendo a fase ímpar em que a criança se encontra, acreditamos que essa rede de apoio é fundamental para seu desenvolvimento global, observando o processo delicado pelo qual ela atravessa e concebendo que apenas com esse desenvolvimento ela se tornará um indivíduo capaz, autônomo e crítico, que comporá a sociedade no futuro de forma responsável.

Embora considerando a vontade da criança nesse processo é importante também observar a forte influência que pais e professor/treinador exercem ao depositarem demasiadas expectativas nas crianças, muitas das quais não satisfeitas em suas próprias vidas.

O papel do educador

Tratando-se da participação de crianças em práticas esportivas, devemos ressaltar a intervenção do educador. "*O tipo de atividade e o método utilizados na iniciação da prática esportiva infantil devem ser pensados e mediados de forma a ser significativo tanto para a criança como para quem a orienta*" (Rubio et al, 1999:58).

Não obstante, o que se nota é que quando o professor/técnico norteia sua atuação profissional pelas suas experiências anteriores tende a reproduzir o modelo que vivenciou, em detrimento da complexidade do desenvolvimento dos alunos e das relações sociais que permeiam esta prática. Apontando para a importância da construção juntamente com o público alvo - sua realidade, cultura e valores – é necessário observar que os procedimentos que são significativos para aquele grupo.

Portanto, o papel do educador é mais amplo que o do professor dentro da cultura tradicional de educação.

Dessa forma, o trabalho do professor de Educação Física e do técnico esportivo vai além da simples orientação da prática esportiva. Ele busca orientar a criança para a vida, contribuindo por este meio, para questões mais amplas, auxiliando na construção da identidade do indivíduo praticante da atividade física e do esporte. (Rubio et al 1999:58).

E nesta perspectiva cabe situar a compreensão de desenvolvimento proposta por Vygotsky (1998), na qual o aprendizado proposto deve ser coerente com a fase de desenvolvimento da criança, mas não no sentido de enquadre em níveis predeterminados e sim pensando a capacidade de aprendizado. Para melhor compreensão desta proposta é necessário determinar dois níveis de desenvolvimento, o *real* e o *potencial*. O *real* refere-se a certos ciclos de desenvolvimento já alcançados e o *potencial* considera aspectos que o desenvolvimento ainda não está completo, mas que já existem possibilidades de sua realização através de alguma mediação.

Partindo dos conceitos de Vygotsky, há uma compreensão diferenciada dos processos de aprendizagem, na qual os mediadores estão em destaque, pois são as figuras que auxiliarão o educando a atingir níveis mais complexos de desenvolvimento dentro de sua zona proximal. Para isso, os mediadores, que podem ser colegas de turma, pais, educadores ou outros, servirão como "catalizadores" de processos de aprendizagem os quais o educando não atingiria sozinho, apontando para o grande diferencial do trabalho em grupo e/ou em parcerias.

Nesta perspectiva, o papel do educador é potencializado, por ser a principal figura a fazer esta mediação no processo educativo ou até mesmo estimular a mediação entre os próprios alunos, ou seja, há um novo enquadre no seu papel, diferente do professor/técnico tradicional que oferecia os conhecimentos para que os alunos – na sua ignorância – absorvessem o conteúdo trazido e o executassem. O educador passa a ser uma figura para a troca de conhecimentos (entendendo conhecimento como a vivência das informações transmitidas, contendo, portanto, afetos) com seus educandos, proporcionando um aprendizado constante de ambos envolvidos, educador e educando.

Cria-se, portanto um novo paradigma do processo de educar, onde não se tem somente um protagonista e vários coadjuvantes, e sim uma complexa cena de interações constantes e dialéticas. Daí a importância de considerar e respeitar os saberes que os educandos já trazem de suas realidades ao invés de impor lhes saberes curriculares previamente planejados. O grande desafio é estabelecer, segundo Paulo Freire (1996), "intimidade" entre estes saberes, correlacioná-los, transformando-os em conhecimento, ou seja, informações que detêm um sentido vivencial para seu possuidor.

Apesar dos pontos acima levantados não esgotarem as reflexões quanto ao papel do educador nesta complexa teia do educar, eles trazem como pano de fundo uma questão de suma importância para o educador: a reflexão crítica sobre a prática.

Paulo Freire (1996: 38) muito se dedicou a esta reflexão – e outras – em seu livro *Pedagogia da Autonomia*, destacando a importância de que "*a prática docente crítica, implicante do pensar certo, envolve o movimento dinâmico, dialético, entre o fazer e o pensar sobre o fazer*" em contrapartida com uma prática espontânea que produz um "*... saber ingênuo, um saber de experiência feito, a que falta a rigorosidade metodológica que caracteriza a curiosidade epistemológica do sujeito*" sendo que a transição de uma postura para a outra também faz parte de um processo constante do educador.

Logo, cabe aos educadores reconhecer que estão em um processo constante de formação assim como são formadores, desempenhando papéis que lhes trazem uma ampla gama de responsabilidades.

A participação da família

A iniciação esportiva tem relação direta com os pais das crianças. Isto se deve à escolha do local da atividade, a freqüência com que a criança comparece às aulas, a intensidade da atividade física, sendo difícil ela própria optar pelo que deseja.

No entender de Ewing (1998) o pai consta como a figura parental de maior influência para a introdução da criança no esporte. Os demais membros da família, por outro lado, parecem influenciar mais a criança a participar das práticas esportivas, do que seus colegas e a própria escola. Na última década do século XX houve uma influência crescente da mãe na introdução e manutenção da criança na prática desportiva, principalmente membros de casais separados que, por vezes, podem desempenhar o papel de mãe e pai ao mesmo tempo.

A escolha da modalidade praticada ou um programa de iniciação esportiva que promova uma prática multiforme pode se dar por três fatores principais: pais, vontade da criança ou seu meio social (escola, professores, colegas), sendo que normalmente esses fatores atuam de forma inter-relacionada. A participação dos pais nesse processo ocorre, seja por motivação, inserção, proibição ou até mesmo omissão.

Como as pessoas mais próximas da criança exercem um papel de suporte em situações de estresse, supõe-se que os pais dêem um apoio incondicional nestes momentos (Mills & Clark, 1982). Este apoio familiar é necessário aos jovens já que eles não possuem habilidades de enfrentamento dos problemas como os adultos (Cutrona & Russel, 1990). Isto não significa intervenção constante dos pais nos momentos em que o filho vive situações de conflito na prática esportiva. Analisando a conduta de pais de jovens atletas, verifica-se que existem os que se dedicam a apoiar com sobriedade seus filhos, outros que nunca estão presentes e ainda outros que os desestabilizam por sua conduta totalmente desequilibrada (Becker Jr., 1992).

Nos estágios de desenvolvimento propostos por Erikson (1963), entre seis e doze anos, existe um período de "produtividade x inferioridade" e é neste estágio que a criança necessita de aprovação dos pais nas tarefas escolares (ler, escrever, calcular e habilidades sociais). Se ela não consegue a produção esperada pode desenvolver um sentimento de inferioridade por frustrar a expectativa de seus pais.

Van Yperen (1998) verificou que quando o nível de rendimento da criança está abaixo da média aparecem mais problemas na relação com seus companheiros. Daí o apoio dos pais servir como efeito amortizador no combate do stress.

É curioso observar que as investigações sobre esse tema estão focalizadas na percepção que os adultos têm sobre a conduta das crianças desportistas e estas, raramente têm a oportunidade de opinar sobre sua relação com os pais ou com o treinador.

Não podemos creditar aos pais os comportamentos que a criança apresenta como resultado da prática esportiva . Entretanto, uma vez que esse é seu núcleo primário de socialização, representando assim uma referência de forte influência para seu desenvolvimento, é preciso atentar para o que se está fazendo com os pais para que eles apóiem, com adequação, seus filhos na prática esportiva. O ideal para a criança seria que ela fosse recebida na família sempre com afeto após as competições, independente do resultado alcançado. Este ambiente proporcionaria a certeza de que ela é amada pelo que é e não pelo que ela fez dentro da competição.

O nível de exigência deveria ser coerente com a valorização do esforço e não somente com o resultado. Muitos pais dizem que proporcionam este ambiente, mas o que se vê em muitos casos é a dificuldade de expressar satisfação uma vez que a linguagem verbal e as atitudes demonstram decepção e mágoa, deixando a criança muito insegura pela contradição da comunicação. Pode-se perceber que a iniciação esportiva é diretamente influenciada pela conduta dos pais, tanto na escolha da modalidade quanto na manutenção da criança no programa. Daí a preocupação em como lidar com a família valorizando também a importância da presença e participação na formação da criança.

Muitos pais desejam que seus filhos participem de projetos esportivos, principalmente por estarem ligados a empresas e marcas socialmente destacadas. Dessa forma, acreditam que inserindo as crianças em projetos de renome, o desenvolvimento da criança estará assegurado, muito mais pelo seu destaque social e do que pelo conteúdo desenvolvido.

Neste sentido, cabe-nos compreender melhor o papel destas empresas na criação de espaços para a iniciação esportiva de crianças e adolescentes.

A questão da responsabilidade social

A falta de espaços livres e seguros na área urbana para a atividade esportiva tem gerado uma forte tendência de sua prática ocorrer em espaços institucionalizados como escolas e clubes.

Além disso, uma grande parcela da população ainda não tem acesso às formas elementares de atividade esportiva. Segundo Melo Neto & Froes (1999), nas comunidades de baixa renda o problema ganha uma amplitude maior, pois a atuação do Estado é ainda mais ausente, predominando a quase inexistência de direitos políticos, sociais e civis.

Di Pierro & Silva (2003) denunciam que o Brasil é um dos países onde são registradas as maiores taxas de desigualdade social, agravado pela isenção do governo de sua responsabilidade que tem reduzido os investimentos na área social. Como forma alternativa de intervenção social emergiu em nossa sociedade o chamado Terceiro Setor. Segundo Melo Neto & Froes (1999), este seria uma mistura dos dois setores econômicos clássicos da sociedade: o público (representado pelo Estado) e o privado (representado pelo empresarial em geral). Nesse modelo de atuação há uma união do Estado e da iniciativa privada e dos cidadãos em benefício das causas sociais.

Tachizawa (2002) também discorre sobre esta questão ao indicar que no Brasil, desde que o Estado deixou de ser o único agente implementador de políticas sociais e passou a trabalhar em parceria com a sociedade civil, o trabalho das ONGs (Organizações Não-Governamentais) ganhou maior importância e repercussão.

Por ser o esporte uma atividade que proporciona todos esses benefícios citados, ele acabou se tornando um dos grandes focos de investimento de projetos sociais que buscam contribuir para o desenvolvimento integral de crianças e adolescentes, oferecendo suporte tanto sobre os aspectos físicos, como sociais e emocionais.

Cada vez mais as empresas vêm se preocupando com o investimento na responsabilidade social. Segundo Tachizawa (2002), este conceito deve enfatizar o impacto das atividades das empresas para os agentes com os quais interagem (*stakeholders*): empregados, fornecedores, clientes, consumidores, colaboradores, investidores, competidores, governos e comunidade.

De acordo com Rico (2004), os institutos, fundações, associações empresariais que têm buscado assumir uma gestão socialmente responsável nos negócios, acreditam que a responsabilidade social empresarial é uma forma de conduzir as ações organizacionais pautada em valores éticos objetivando integrar todos os protagonistas de suas relações: clientes, fornecedores, consumidores, comunidade local, governo (público externo) e direção, gerência e funcionários (público interno), ou seja, todos aqueles que são diretamente ou não afetados por suas atividades. O objetivo dessas instituições deveria ser o de contribuir para a construção de uma sociedade promotora da igualdade de oportunidades e da inclusão social no país.

Mifano (2002) destaca que a responsabilidade social das organizações surgiu num contexto de crise mundial de confiança nas empresas. Por isso as organizações empresariais começaram a promover um discurso politicamente correto, pautado na ética, buscando implementar ações sociais objetivando promover ganhos em qualidade de vida e de trabalho para a classe trabalhadora. Percebe-se assim, que a responsabilidade social foi utilizada como uma estratégia de marketing para melhorar a imagem das empresas e conquistar os consumidores, que, segundo Melo Neto & Froes (1999), já não estavam satisfeitos somente com as ações de filantropia desenvolvidas.

Os autores destacam que surgiram daí duas dimensões da responsabilidade social: um foco no público-interno e outro na comunidade, que caracterizam alguns grupos distintos de pessoas que a empresa busca beneficiar ao investir em um programa de responsabilidade social.

O primeiro deles seriam os próprios funcionários da instituição (público-interno), que podem participar de um dos projetos que a empresa desenvolve, relacionado à cidadania, esporte, cuidados com a saúde, educação, entre outros, ou mesmo ter parentes e amigos beneficiados. Nesse caso o objetivo da responsabilidade social interna é motivar os funcionários para um desempenho ótimo, criar um ambiente agradável de trabalho e contribuir para o seu bem-estar, proporcionando maior satisfação do funcionário com seu trabalho, aumentando a produtividade e a dedicação.

Sabe-se que os profissionais mais qualificados e talentosos no mercado preferem trabalhar em empresas que respeitam os direitos, a segurança e a qualidade de vida de seus funcionários. No âmbito empresarial enfatiza-se que a qualidade e a motivação dos trabalhadores são fundamentais para o progresso da empresa, gerando um ótimo retorno no seu investimento. Vale ressaltar que dentro dessa idéia, o maior beneficiado do projeto é a própria empresa, que será reconhecida pelos benefícios sociais que ela promove. Por outro lado os funcionários questionarão menos sobre questões geradoras de insatisfação e serão menos reivindicativos em questões que estão relacionadas historicamente à luta dos trabalhadores.

O outro foco a ser atingido com os investimentos que as empresas fazem é o mercado consumidor. O investimento nos programas de responsabilidade social representa investir na imagem frente aos seus consumidores. Vassalo (apud Rico, 2004) aponta que os consumidores estão valorizando cada vez mais a postura da empresa em relação ao meio ambiente, às leis, aos direitos humanos e aos investimentos que ela faz na comunidade. Paes (apud Rico, 2004) reforça essa questão ao apontar que as vantagens oferecidas apenas em relação a valores (preços) não são mais suficientes para a conquista do mercado consumidor. A qualidade do produto está sendo cada vez mais associada à relação da empresa com a sociedade e seu comportamento ético.

Rico (2004) reafirma essa visão ao destacar que o investimento na área social trata-se de uma questão estratégica, pois ao serem reconhecidas como socialmente responsáveis as empresas tendem a conseguir diferencial de competitividade.

Essas questões nos permitem levantar algumas hipóteses sobre os motivos que levam algumas empresas, direcionadas pela lógica do capital, a destinar parte de suas verbas para investimentos de ordem social. Segundo Young (2006), pesquisas como o estudo Criando Valor apontam para alguns benefícios alcançados por empresas que buscaram ser socialmente responsáveis, como: redução de custos, melhora de produtividade, crescimento de receita, acesso a mercados e capitais, melhora no processo ambiental e gestão de recursos humanos, maior lealdade do consumidor, maior capacidade de atrair e manter talentos, capacidade de adaptação, longevidade e diminuição de conflitos.

Também Melo Neto & Froes (1999) apontam que para Oded Grajew, Diretor-Presidente do Instituto Ethos[2], os fatores que têm impulsionado o setor empresarial brasileiro a ampliar seus

---

[2]Instituto considerado referência na avaliação e monitoração das empresas sobre seus indicadores de responsabilidade social.

investimentos nessa área são a carência social do país, o crescente grau de organização da sociedade e, especialmente, do Terceiro Setor, a ação social dos concorrentes, a divulgação crescente dos meios de comunicação sobre as ações sociais das empresas e o crescimento das expectativas das comunidades e dos funcionários sobre o engajamento social empresarial.

Ou seja, é possível observar que as empresas estão se preocupando mais com essa questão por saberem da avaliação de seus funcionários e de seus consumidores e investidores quanto a esse indicador. Uma avaliação insatisfatória por parte destes resultará em conseqüências negativas para a empresa, além da perda de seu capital de responsabilidade social.

Como já destacado por Di Pierro & Silva (2003), a responsabilidade social é um grande negócio para as empresas que ao dedicarem apenas 1% de seu lucro para ao social, o que significa 0,1% de sua receita, pode receber os muitos benefícios já citados dentro de um mecanismo comercial com objetivos econômicos que não oneram a empresa. Obviamente as empresas não adotariam essa proposta se não visualizassem claramente como poderiam se beneficiar. Ressaltam os autores *"ao primeiro sinal de recessão cortam 30% da propaganda, 50% do treinamento e 90% dos projetos sociais. Justamente quando os problemas sociais aumentam"*. (p.141)

Percebe-se que os projetos sociais que utilizam o esporte como meio de educação se tornam um ótimo investimento para essas empresas, tanto pelos benefícios sociais obtidos pela população, como pelo retorno obtido pelos meios de comunicação.

Para o setor empresarial, ter o seu nome atrelado a projetos esportivos é um grande investimento, fazendo com que estes se tornem ótimos veículos de propaganda da empresa na mídia. Isso porque o esporte pode ser considerado como um dos maiores fenômenos sociais modernos, identificado por elementos como força, superação de limites e vitória (Rubio, 2000). O mesmo jogo de valores pode ser utilizado dentro de um contexto esportivo, principalmente se tratando da iniciação esportiva, onde se percebe que muitos projetos utilizam a prática esportiva de forma inadequada, seguindo, como destacam Di Pierro & Silva (2003), o critério da priorização dos mais habilidosos e talentosos, resultando na inclusão de uma minoria e na exclusão da grande maioria e reproduzindo um modelo segregador.

Desta forma, as empresas já elegem os projetos sociais esportivos que trabalham com crianças e adolescentes, considerados o futuro da nação, como um investimento na base constitucional de um dos maiores problemas sociais enfrentados em nosso país. Tachizawa (2002) aponta que segundo uma pesquisa realizada por Landim em 1987, 63,7% das ONGs pesquisadas adotam as crianças e adolescentes como seu público-alvo. Apesar da pesquisa não ser tão recente, acredita-se que o foco de atuação das ONGs não se modificou de forma significativa e essa população ainda continua sendo a mais visada.

Portanto, um projeto social que de fato tenha o objetivo de propiciar o desenvolvimento integral de uma criança ou de um adolescente deve buscar na iniciação esportiva o desenvolvimento de seu potencial e de suas capacidades, independente do seu nível de habilidade ou estrutura física. Desta forma, um projeto social que trabalhe com a iniciação esportiva de crianças e adolescentes, segundo Pierro & Silva (2003), deve sempre objetivar trabalhar para uma educação visando a formação integral, a cidadania e buscando como objetivo final a inclusão social.

Uma proposta

Frente a esta realidade, é imprescindível uma nova proposta de trabalho, partindo de uma visão sistêmica e complexa do fenômeno. A criança está inserida em um meio social complexo e isso não pode ser simplesmente ignorado. É necessário trabalhar com o esporte de hoje visando transformá-lo e a partir disso pensar em intervenções, conhecendo o que está posto.

É verdadeiro afirmar que o esporte tem um forte poder social, observando a necessidade de um maior cuidado com seu uso, pois ele tanto pode ser entendido como algo saudável com uma meta educativa quanto pode reproduzir as características da cultura vigente (Marques & Kuroda, 2000).

Esta postura crítica, não chega ao extremo de tomar o esporte como algo danoso ao desenvolvimento de crianças e jovens, mas enfatiza a preocupação com sua utilização diante dos prejuízos físicos e psicológicos que ele pode causar (Weiss, 1995).

Segundo Parlebas (apud Di Pierro & Silva, 2003:147) *"o desporto não possui nenhuma virtude mágica. Ele não é nem socializante, nem anti-socializante. Ele é aquilo que se fizer dele".*

Portanto, para que o esporte seja efetivamente um *meio* educacional em prol de mudanças sociais ele deve ser tratado para além da formação atlético-técnico-tática – sem ignorá-la – e também considerar valores como a cooperação, a participação, a solidariedade, a criatividade, o poder de questionamento e a competição sem exacerbação da vitória.

E neste complexo processo, alguns interlocutores têm papel de destaque: os educadores e a família. Daí a importância de manter contato com os pais e diálogo com as crianças. Estratégias que tragam a perspectiva interdisciplinar entre os educadores proporcionam a resolução de problemas de forma mais dinâmica e integral. Além disso é fundamental proporcionar às crianças participação ativa em sua formação, ajudando a construir novas alternativas para as suas próprias atividades, desenvolvendo uma postura de co-responsabilidade com seus educadores.

Especificamente a iniciação esportiva, tema de nosso estudo, tem o objetivo de fornecer aos alunos informações e também a prática de diferentes modalidades para depois dessa vivência poderem optar por aquela que vier mais ao encontro de suas aptidões e necessidades.

Contudo, acreditamos que uma proposta de iniciação esportiva deve primordialmente considerar a criança e sua etapa de desenvolvimento, buscando sua formação como um ser integral, e não apenas as dimensões motoras, enfatizando também conteúdos atitudinais, uma vez que se acredita estar formando cidadãos mais preparados para o futuro.

Referências Bibliográficas

BECKER Jr., B. Posibilidades de aplicación de la Psicología Del Deporte en el entrenamiento infantil. In: **Congreso Latino-Americano Nuevas Perspectivas Del movimiento, el juego y el deporte en la infancia.** Buenos Aires, 1992.

BECKER Jr., B. **Psicologia Aplicada à criança no esporte.** Novo Hamburgo: FEEVALE, 2000.

BRUSTAD, R. J. (1988) Afective outcomes in competitive youth sports: The influence of intrapersonal and socialization factors. **Journal of Sport & Exercise Psychology,** 10, 307-321.

BOMPA, T. O. **Treinamento total para jovens campeões.** Barueri: Ed. Manole, 2002.

CUTRONA, C. & RUSSEL, D. Type of social support and specific stress: Toward a theory of optimal matching. In B. Sarason, I. Sarason & G. Pierce (Org.): *Social support: an interactional view.* New York, 1990.

Di PIERRO, C. & da SILVA, F.S. Primeiro tempo do terceiro setor. Projetos Sociais. In: RUBIO, K. **Psicologia do Esporte: teoria e prática.** São Paulo: Casa do Psicólogo, 2003.

ERIKSON, E. H. **Infância e sociedade.** (2ª ed.). Ed. Zahar. Rio de Janeiro, 1963.

ESTATUTO DA CRIANÇA E DO ADOLESCENTE, Secretaria Especial dos Direitos Humanos; Ministério da educação, Assessoria de Comunicação Social – Brasília: MEC, ACS, 2005.

EWING, M. Participation and attition patterns in American Agency-suponsored and interscholastic sports: an executive summary. **Sporting goods manufacture's association,** 1989.

FREIRE, P. **Pedagogia da autonomia: saberes necessários à prática educativa.** São Paulo: Paz e Terra, 1996 (Coleção Leitura).

MARQUES, A. Fazer da competição dos mais jovens um modelo de formação e de educação. In: GAYA, A., MARQUES, A. & TANI, G. **Desporto para crianças e jovens: razões e finalidades.** Porto Alegre: UFRGS Editora, 2004.

MARQUES, J.A.A. & KURODA, S.J. Iniciação esportiva: um instrumento para a socialização e formação de crianças e jovens. In: RUBIO, K. (org.) **Psicologia do Esporte: interfaces, pesquisa e intervenção.** São Paulo: Casa do Psicólogo, 2000.

MARKUNAS, M. **Uma compreensão dos aspectos psicológicos no desenvolvimento de talentos esportivos.** Dissertação de Mestrado. Universidade de São Paulo. São Paulo, 2005.

MELO NETO, F. P. & FROES, C. **Responsabilidade social e cidadania empresarial: a administração do terceiro setor.** Rio de Janeiro: Qualitymark Ed., 1999.

MIFANO, G. A crise mundial de confiança nas empresas: uma questão de Responsabilidade Social. Disponível em: <**http://www.ethos.org.br/docs/conceito_praticas/publicações/ debates/ a_crisemundial.ppt**>. Acesso em: 28/08/2006.

MILLS & CLARK. Exchange and comunal relationships. In L. WHEELER (Ed.) **Review of personality and social psychology.** Vol 3 (p121-144). Beverly Hills, CA: Sage Publ. 1982.

PERSONE, J. **Nenhuma medalha vale a saúde de uma criança.** Lisboa: Livros Horizonte, 2001.

QUINTERO, H. **No nacieron campeones**. La Habana: Casa Editora Abril., 1994.

RICO, E. de M. **A responsabilidade social empresarial e o Estado: uma aliança para o desenvolvimento sustentável. São Paulo Perspec.** [on-line]. out./dez. 2004, vol.18, no.4 [citado 14 Julho 2006], p.73-82. Disponível na World Wide Web: <http://www.scielo.br/scielo.php?script=sci_arttext&pid=S0102-88392004000400009&lng=pt&nrm=iso>. ISSN 0102-8839.

RODRIGUES, A. M. **Iniciação esportiva e burn-out**. Monografia. Instituto Sede Sapiens. São Paulo, 2003.

RUBIO, K.; KURODA, S.; MARQUES, J.; MONTORO, F. & QUEIROZ, C. Iniciação Esportiva e especialização precoce: as instâncias psico-sociais presentes na formação esportiva de crianças e jovens. **Revista Metropolitana da Ciência do Movimento Humano.** Vol.4, nº1, 1999.

RUBIO, K. **Psicologia do Esporte: interfaces, pesquisa e intervenção.** São Paulo: Casa do Psicólogo, 2000.

RUBIO, K. **O atleta e o mito do herói.** São Paulo: Casa do Psicólogo, 2001.

SANCHES, S. M. (2004) **Prática esportiva e desenvolvimento social e afetivo: Projetos sociais como rede de apoio.** Dissertação de Mestrado. Campinas: SP. Pontifícia Universidade Católica de Campinas. P. 1 – 145.

TODT, N. S.; SANTOS, A. T. dos SILVEIRA, L. M. da KOLLET, E. N. Os fenômenos burn-out e drop-out na iniciação esportiva. In: Fórum Olímpico 2002, 2002, Rio de Janeiro. **Coletânea de textos em Estudos Olímpicos**. Rio de Janeiro: Editora Gama Filho, 2002. p. 211-223.

VAN YPEREN, N. W. Interpersonal stress, performance level, and parental support: **A longitudinal study among highly skilled young soccer players.** *The Sport Psychologist, 9,* 225-241, 1998.

VYGOTSKY, L.S. **A formação social da mente**. São Paulo: Martins Fontes, 1998.

YOUNG, R. Gestão da responsabilidade social e do desenvolvimento sustentável. Disponível em: <http://www.uniethos.org.brDesktopDefault.aspx?TabID=3888&Alias=uniethos&Lang=pt-BR.>. Acesso em: 13/07/06.

WEISS, M.R. Children in sport: an educational model. In: MURPHY, S.M. (ed.) **Sport Psychology Interventions**. Illinois: Human Kinetics, 1995.

Gênero e Participação Olímpica

Milena Bushatsky Mathias - Carla Meira - Kátia Rubio

Castradas, histéricas, feministas, mães, amantes, homossexuais, gostosas. Seja a atleta olímpica dos anos 20 seja a contemporânea, sendo mulher ela estará sujeita ao rótulo que a representa no seu momento histórico. Falar da história da mulher, seja qual for o viés, é tangenciar a história dos mecanismos de controle sobre a corporeidade, é compreender a história escrita por homens, uma história de sujeição social e fetichização do corpo feminino.

No início do século XX a condição feminina era determinada por um discurso baseado na medicina social que atribuía à mulher características como a fragilidade, o recato, a emotividade, constituindo os comportamentos ideais e transformando-os em rígidos papéis sociais. Atribuía-se à mulher diversas privações, restringindo-a ao espaço privado do lar e às atividades referentes aos papéis de mãe, esposa e dona de casa. Isso significava a impossibilidade não apenas do acesso aos negócios, aos cargos políticos e de direção, à cultura e à educação, como também à participação nas diversas práticas corporais.

Este texto não pretende repetir o discurso da mulher-objeto, já tão discutido (embora atual), nem vitimizar a participação feminina na história olímpica, mas comparar a história da participação olímpica feminina na década de 20 e na atualidade, na esperança de projetar um espaço de participação esportiva desatrelado de uma imagem somática que corresponda aos padrões sociais esperados. Entendemos essa questão como da ordem do social e se equipara aos demais temas abordados neste livro por lidar com a superação de estereótipos e preconceitos.

A atleta da década de 1920

A década de 1920 caracteriza-se por uma intensificação e definição das transformações políticas, econômicas e sociais que começaram, lenta e contraditoriamente, a se delinear nos horizontes da sociedade brasileira a partir da década de 1850. Elas sinalizavam o advento de um novo tempo e foram acompanhadas pela formulação e execução de novas estratégias de disciplinarização e de representação dos corpos e mentes, que correspondiam às expectativas e interesses dominantes e sedimentavam-se sobre uma nova ética do trabalho e sobre novos padrões de moralidade para os comportamentos afetivos, sexuais e sociais.

As imposições da nova ordem tinham a ciência como paradigma e encontravam na medicina social as justificativas para a determinação de papéis e espaços sociais femininos e masculinos. Por razões biológicas, eram asseguradas como características das mulheres: a fragilidade, o recato, o predomínio das faculdades afetivas sobre as intelectuais e a subordinação da sexualidade à vocação maternal. Isso se justificava, basicamente, pela necessidade da preparação para as gestações e a maternidade. Em oposição, o homem conjugava sua força física a uma natureza autoritária, empreendedora, racional e uma sexualidade exacerbada, entre outras coisas, porque a ele cabia prover as necessidades da família e do lar.

As características atribuídas às mulheres eram suficientes para justificar que se exigisse delas uma atitude de submissão, um comportamento que não maculasse sua honra. Então podemos afirmar que

a formação da identidade masculina e feminina parte de um paradigma heterossexual, de onde emergem certas imagens já institucionalizadas por meio de um discurso que desumaniza as mulheres enquanto sujeitos históricos, o que sustenta um padrão de hegemonia masculina e submissão feminina" (Rubio & Simões, 1999: 53).

O comportamento no âmbito das práticas corporais será discutido a partir da concepção de que ele não se encontra isolado da dinâmica social, mas é reflexo das relações estabelecidas nesse espaço maior. Portanto, a prática de atividades físicas na década de 1920 pode ser observada como um microcosmo, dentro do macrocosmo que é a sociedade paulistana do final da Primeira República.

Nesse período, a disseminação das práticas corporais – cada vez mais presentes em clubes e escolas – estava intimamente ligada ao controle corporal, ou seja, às preocupações higiênicas, eugênicas, médicas, morais e disciplinares. Dessa forma, havia uma nítida distinção entre as práticas aconselhadas a mulheres e homens, de forma que a preparação física reforçava as características corporais e comportamentais que distinguiam os gêneros.

Sob a cobertura do 'natural', uma disciplina dos corpos masculinos se impõe: os rapazes parecem ser espontaneamente atraídos pela competição, pelo treinamento físico e pelo desenvolvimento muscular, já que tudo isso só reforça neles a virilidade e, por conseqüência, a 'natureza' máscula (Schpun, 1999: 37-38).

Assim, esperava-se que os jovens seguissem a atualidade esportiva, participassem dos acontecimentos organizados nos estádios, torcessem por um time de futebol, se preocupassem com sua forma física e, sobretudo, praticassem esportes.

O discurso sobre a prática de atividades físicas por mulheres – que afirmava a inaptidão da constituição física feminina – sofreu transformações no início do século XX. Visando a produção da "nova mulher", que deveria acompanhar os desafios da modernidade, deixava-se de valorizar a debilidade e a indolência feminina, assim como o ócio e a preguiça passaram a conformar o mal da alma e deveriam ser substituídos pela vitalidade do corpo e pela capacidade de resistir às intempéries da vida.

Essa transformação do pensamento da época exigiu uma grande dedicação por parte de alguns intelectuais que buscavam relacionar as benesses físicas e morais da ginástica feminina com o engrandecimento geral da Nação. Dentre eles, Fernando de Azevedo teve um importante papel por sua longa trajetória científico-literária e por seus estudos pensarem a Educação Física como uma ação científica, inserida dentro de um plano nacional de educação, que desenvolveria ao máximo a virilidade, as virtudes da raça e as aptidões hereditárias de cada indivíduo. Buscava-se a eliminação da fraqueza orgânica, que além de debilitar cada sujeito por ela atingido, também debilitava a idéia de uma Nação poderosa.

Fernando de Azevedo atribuía grande importância aos exercícios corporais femininos para a formação das "obreiras da vida". Essa concepção apontava a maternidade como a mais nobre missão da mulher, pois dela dependia a regeneração da sociedade. Dessa forma, o cuidado e a preservação do corpo-saúde das "obreiras da vida" estavam diretamente relacionados à manutenção do corpo-saúde da própria Nação.

Ainda assim, a aceitação de mulheres em esportes e atividades físicas vivia a dualidade entre as propostas eugenistas e higienistas, e certas características comuns ao universo da cultura física – como o suor excessivo, o esforço físico, as emoções fortes, as competições, a rivalidade consentida, os músculos delineados, os perigos das lesões e a leveza das roupas – que despertavam suspeitas por parecerem abrandar certos limites que contornam uma imagem ideal de ser feminina. De forma que

> *a construção de um organismo forte, assentada no trinômio 'saúde, força e beleza', passa a ser meticulosamente observada, visto que a densidade do ser forte é tolerada até o ponto em que não ultrapasse aqueles limites ditados por sua 'natureza', ou ainda pelo que a biologia convencionou designar como sendo próprio do corpo feminino* (Goellner, 2004: 165).

Fernando Azevedo (1960: 82-83) determinava que a

> *educação física da mulher deve ser, portanto, integral, higiênica e plástica, e, abrangendo com os trabalho manuais os jogos infantis, a ginástica educativa e os esportes, cingir-se exclusivamente (grifo do autor) aos jogos e esportes menos violentos e de todo em todo compatíveis com a delicadeza do organismo das mães, como sejam entre estes a dança ao ar livre e a natação, a que deve preceder um curso regular de ginástica inteligentemente administrada.*

A dança era a única prática corporal permitida às mulheres no século XIX, sobretudo as danças litúrgicas, que conferiam à bailarina um caráter quase sagrado. Porém, no início do século XX, de acordo com as idéias defendidas por Fernando de Azevedo, ela foi concebida como *um método de educação corporal feminina baseado na assimilação de um código de movimentos tidos como belos, harmoniosos e graciosos, que permitem às mocinhas a expressão – totalmente 'espontânea' – de sua 'natureza' feminina* (Schpun, 1999: 45). Freqüentemente realizada ao ar livre, visando o contato com a natureza e a valorização do seu aspecto higiênico, tratava-se do treinamento dos gestos para assegurar que a espontaneidade não estragasse o efeito desejado, objetivando o "controle absoluto sobre o corpo".

A disseminação da dança clássica, enquanto um "território esportivo exclusivo das mulheres", deveu-se principalmente à repercussão mundial de Isadora Duncan, dançarina que *reverencia a arte grega e recorre à sua estética para celebrar representações de beleza e de feminilidade em seu trabalho* (Goellner, 2003: 133). Em 1916, em turnê pela América Latina, Isadora apresentou-se em São Paulo e encontrou pessoas aptas a aplicar sua arte.

A ginástica feminina, segunda prática apontada por Fernando de Azevedo como adequada às mulheres, foi profundamente influenciada pela dança. Isso porque era necessária a preparação física dos bailarinos, dos quais se exigia flexibilidade, destreza, leveza nos saltos etc. A maior parte dos dirigentes de escolas de bailado da Europa criou formas de trabalho físico que foram sistematizadas e difundidas em outros países, originando a chamada ginástica feminina.

Sua característica monótona, repetitiva, contrária à espontaneidade e controladora das "tendências corporais e psíquicas", fez com que a ginástica estivesse fortemente assimilada às práticas corporais femininas. *Ela apresenta vantagens significativas como o exercício individual, que não exige utilização de equipamentos especiais nem grandes espaços nem companhia e permite ainda às mulheres que se exercitem em casa, sem se afastar do lar, e que conciliem as obrigações domésticas e forma física* (Schpun, 1999: 41). Além disso, a ginástica era valorizada por ser completamente despida de competitividade, agressividade, desejo de vitória, não contribuindo para o desenvolvimento da ambição individual.

Uma outra prática destacada como fundamental à manutenção da saúde feminina era a caminhada, ou seja, andar a pé ou correr pequenas distâncias, sobretudo no campo. Valorizava-se essa prática pelo aspecto higiênico das saídas ao ar livre e pelo desenvolvimento muscular pouco significativo, já que um simples passeio era considerado suficiente.

A última prática apontada por Fernando de Azevedo é a natação, que se justificava como adequada às mulheres por proporcionar a harmonia plástica do corpo e inspirar a graça dos movimentos. Além disso, era ressaltada nesta prática a necessidade de intuição de ritmo, relacionada ao sexto sentido feminino, e a inconstância do meio líquido, que se assemelhava à alma da mulher e por isso as atraía mais do que aos homens (Schpun, 1999).

Apesar do nascimento da natação feminina competitiva só ocorrer na década seguinte, foram presenciadas na década de 1920 tímidas tentativas de aparições públicas de nadadoras.

Em São Paulo, coube a um pequeno grupo de moças da colônia alemã romper as maiores barreiras antepostas à mulher no desporto pelos costumes e preconceitos locais, ao se apresentar em público para nadar, ainda que envoltas em prodigiosos costumes de banho, abundantes em dobras e babados. As restrições encontradas em casa por estas jovens eram menores, porque elas advinham de uma cultura tradicionalmente adepta aos cuidados com o físico e à apreciação dos encantos da natureza. Além disso, a natação gozava da fama de dispensar a força muscular, portanto, não prejudicando as virtudes femininas de graciosa fragilidade impostas pelo machismo dominador (Lenk, 1982: 17).

A partir disso podemos afirmar que a hegemonia do esporte, enquanto instituição masculina, invalidou a experiência atlética como uma busca feminina digna, pois a presença da mulher era tolerada até o ponto em que não ultrapassava os "limites ditados por sua natureza". Excluídas das pistas e dos estádios, das competições, dos esportes que exigiam o domínio de técnicas e de regras cada vez mais elaboradas, às mulheres restavam as práticas corporais que não as distanciavam dos contornos ideais de feminilidade.

Essa concepção postergou a participação das mulheres nos Jogos Olímpicos da Era Moderna. Na sua primeira edição, em 1986, a presença feminina não foi permitida, sendo mantida a tradição dos Jogos da Antiguidade. Porém, em 776 a.C., essa impossibilidade era atribuída a motivos políticos, uma vez que as mulheres não eram consideradas cidadãs, estando impedidas de gozar do convívio social e das glórias concedidas aos competidores vencedores. Já na reedição dos Jogos Olímpicos, a desigualdade de direitos políticos foi tratada de maneira velada, sendo utilizado o argumento da inferioridade biológica para mantê-las longe das competições, ou seja, da inaptidão física e do despreparo psíquico para a prática esportiva e as emoções inerentes a ela.

A mulher nos Jogos Olímpicos

Baseado em uma visão vitoriana dos papéis sociais masculinos e femininos, o Barão Pierre de Coubertin, idealizador dos Jogos Olímpicos Modernos, argumentava que as mulheres não teriam capacidade para aumentar, e sequer manter, os recordes alcançados pelos homens, não correspondendo ao mote *citius, altius, fortius*, que ele considerava a razão fundamental de qualquer forma de Olimpismo. Ele acreditava que, as reivindicações das mulheres, baseadas na igualdade dos sexos, não fariam com que elas superassem os homens no atletismo, na esgrima, nos eventos eqüestres etc., cabendo a elas premiar os feitos atléticos masculinos com seus aplausos (Coubertin, 2000).

Na segunda edição dos Jogos Olímpicos (1900), realizados em Paris, capital do liberalismo na época, foi admitida formalmente a participação feminina. Entretanto, esta ficou restrita a apenas onze mulheres, que participaram em somente duas modalidades, no tênis e no golfe, consideradas esteticamente belas e que não ofereciam contato físico entre as participantes. Elas eram toleradas, mas ignoradas e menosprezadas pela opinião pública e pelos organizadores.

Segundo Cardoso (2000: 45),

a mais fascinante personalidade feminina nesta apresentação do gênero em Paris foi a americana Margaret Abott. Campeã do torneio de golfe feminino, que congregou dez mulheres no green de Paris, Margaret era freqüentadora das altas-rodas da sociedade de Chicago. Ao se apresentar para disputar o torneio olímpico de golfe, Margaret já estava familiarizada com o ambiente da capital francesa e levava a vantagem de entender o esporte com o pragmatismo americano. Pragmatismo que faltou a suas concorrentes européias. 'As garotas francesas não entenderam o espírito do jogo e compareceram para jogar em trajes longos de festa e sapatos de salto alto', contou ela ao explicar sua vitória.

A quinta edição dos Jogos Olímpicos, realizada em 1912 na cidade de Estocolmo (Suécia), contou com a participação de cinqüenta e sete mulheres que conquistaram espaço em duas novas modalidades: a ginástica e a natação. A primeira modalidade fazia parte da programação desde os primeiros Jogos, mas somente após a realização de espetáculos de massa em que participaram mais de mil atletas – homens e mulheres –, ela começou a ser tratada com mais seriedade e adquiriu status. Na natação as mulheres puderam competir nos 100 metros livre, no revezamento de 4 x 100 livre e nos saltos ornamentais, o que contou com uma grande resistência masculina.

Em 1928, foi realizada em Amsterdã (Holanda) a nona edição dos Jogos Olímpicos, que foi marcada pela expressiva participação de duzentas e noventa mulheres. Com espaço reservado na natação e na esgrima, conquistaram dois novos territórios estratégicos: o atletismo, o esporte olímpico por excelência, e a ginástica, que era reconhecida como modalidade olímpica desde 1912, mas ainda não havia sido oficializada. Nessa, competiram apenas na prova de exercícios combinados por equipe e no atletismo participaram dos 100 e 800 metros, revezamento 4 x 100, salto em altura e lançamento de disco. (Cardoso, 2000).

Porém, a primeira participação das mulheres na pista ficaria marcada por uma intensa retomada das discussões acerca da inadequação feminina à prática esportiva. Isso porque, enquanto a alemã Lina Radke, a japonesa Kinue Hitomi e a sueca Inga Getzel cruzavam a chegada, todas com marcas mais rápidas do que o recorde mundial, as outras concorrentes mal conseguiam manter-se de pé depois do grande esforço a que haviam se submetido. Por causa disso, as mulheres só voltariam a correr os 800 metros, ou distâncias maiores, em 1960.

Diante desse acontecimento, é importante considerar que a resistência masculina em relação à presença feminina no campo esportivo não se restringia somente às competições, mas também aos espaços de treinamento. Dessa forma, muitas das atletas foram privadas do preparo físico necessário – a mulheres e homens – para que conseguissem corresponder às exigências da prova de 800 metros.

Além disso,

para os homens, o exaurimento físico pelo esporte era uma demonstração de valor e de nobre entrega. Não por acaso a lenda do soldado Feidípedes, que morreu depois de correr 40 quilômetros para anunciar aos atenienses a vitória dos gregos na batalha de Maratona, serviria de inspiração a mais árdua e celebrada corrida olímpica. Mas, no caso das mulheres, desabar na pista depois de uma corrida de 800 metros demonstrava de forma cabal que o esporte era coisa de homem. 'Mulheres não são feitas para correr esse tipo de distância assassina', bramiu o jornal londrino *Daily Mail*. (...) *Depois de entrevistar médicos e especialistas em fisiologia, o jornal garantiu que corridas de resistência, como os 800 metros, provocavam o envelhecimento precoce das mulheres. O limite, dizia o jornal (...), era meia-volta na pista, nada além de 200 metros* (Cardoso, 2000: 140).

A permanência das mulheres no esporte e a conquista de novos espaços contaram com a significativa contribuição da francesa Alice Milliat, militante feminista que atuava na Federação Internacional de Atletismo e no Comitê Olímpico Internacional. *Antes de colocar as mulheres nas pistas olímpicas, Milliat tentou criar uma arena só para elas. Organizou os Jogos Mundiais Femininos (...) realizados em 1921 em Monte Carlo e cinco anos depois em Gotembourg, Suécia, que não vingaram* (Cardoso, 2000: 142). Isso fez com que as mulheres continuassem lutando para que os Jogos Olímpicos deixassem de ser um território reservado aos homens.

Desde a primeira realização dos Jogos em Paris, as mulheres continuaram exigindo seu direito à participação e tornaram-se tema permanente de debates entre os homens do Comitê Olímpico Internacional (COI) até a década de 1930. A maioria deles era contrária à participação feminina, assim como o Barão de Coubertin que, ao renunciar à presidência do COI em 1925, denunciou a traição do ideal olímpico pela permissão da participação de mulheres.

As mulheres brasileiras e os Jogos Olímpicos

A primeira participação olímpica do Brasil ocorreu em 1920, mas somente em 1932 houve uma presença feminina na delegação. Era a nadadora Maria Lenk, a primeira mulher latino-americana a participar dos Jogos Olímpicos. Embora esse acontecimento não esteja circunscrito ao recorte de tempo a que se propõe este trabalho, é de extrema importância resgatar as ações de mulheres que buscavam assegurar seu direito à participação. Isso porque se pressupõe que a conquista de espaço nos Jogos Olímpicos tenha repercutido na participação esportiva feminina em âmbito nacional.

O Brasil entrou para o cenário olímpico em 1920, nos Jogos Olímpicos de Antuérpia, e contou com uma delegação composta por 21 atletas, todos homens. O atraso de mais de 20 anos no Movimento Olímpico brasileiro refletia a falta de uma instituição esportiva que organizasse o desporto nacional e de equipamentos públicos adequados para os treinamentos.

Foi apenas na terceira participação olímpica do Brasil, em Los Angeles 1932, que uma mulher participou da delegação: a nadadora Maria Lenk. Era a primeira mulher latino-americana a participar dos Jogos Olímpicos. Sua contribuição foi fundamental para a consolidação da natação e do esporte feminino no Brasil e para a presença de um número crescente de mulheres na delegação brasileira nos Jogos seguintes (Lenk, 1982).

Mas foi apenas a partir da década de 1960 que as mulheres brasileiras começaram efetivamente a participar do cenário olímpico, criando uma crescente demanda pela prática esportiva competitiva. Esse esforço, entretanto, esbarrou em várias políticas públicas que se não proibiram, ao menos desestimularam-nas a seguir essa busca. A esse quadro pode ser creditado o atraso no desenvolvimento da carreira de atletas brasileiras em nível mundial, levando-as a conquistar as primeiras medalhas olímpicas apenas nos Jogos de Atlanta, no ano de 1996.

Ainda que pareça óbvio afirmar que o corpo feminino se constrói de maneira diferente do corpo masculino, essa construção se dá reproduzindo valores e padrões adquiridos na convivência social. Vale lembrar que há uma enorme variação desses padrões de sociedade para sociedade num mesmo período histórico, ou num mesmo grupo social ao longo de um período de tempo.

Quando estudamos como se dá o processo de socialização para a formação de uma identidade masculina e feminina nas sociedades atuais, parte-se de um paradigma heterossexual de onde emergem certas imagens já institucionalizadas dentro de um padrão de hegemonia masculina e submissão feminina (Rago, 2004).

Kolnes (1995) participa dessa discussão afirmando que o gênero é criado tendo como referência as normas da heterossexualidade e sua organização, sendo a primeira o produto bem sucedido da socialização de gênero. E prossegue dizendo que com algumas exceções a heterossexualidade não tem sido problematizada como um princípio organizador na literatura sobre gênero e esporte. Isso é surpreendente na medida que o corpo é um importante símbolo de sexualidade e que o esporte é uma instituição social que busca focar o físico.

Disposta a analisar os aspectos relativos às formas e aos meios de como o corpo feminino se padroniza na sociedade de consumo, através da aquisição de modelos hegemonicamente estabelecidos e assumidos, Chagas (1991:29) afirma que a *dualidade dos sexos, traduzida por um conflito histórico leva-nos a refletir onde tudo começou, porque o homem venceu, por que a mulher é o Outro numa relação onde os dois são necessários*. E citando Simone de Beauvoir, que busca repensar as questões de gênero a partir do conceito da alteridade, questiona que entre os sexos, diferentemente de outras lutas colocadas na história, ocorre a 'alteridade pura', onde à mulher cabe a submissão, não havendo espaço para a relatividade, ela é sempre o Outro. Como forma de alterar esse estado de coisas sugere a necessidade de revirar a história, apelando à dignidade da mulher, revendo dados tidos como naturais, considerados responsáveis pelas limitações de papéis femininos.

Daí entender essa questão dentro da discussão sobre alteridade onde a alteridade é entendida como *o caminho para se compreender a totalidade, tendo como referência o indivíduo. Esse caminho passa pela compreensão de espaços e limites de si e do Outro, que vão do plano das idéias à realidade concreta* (Rubio & Daolio, 1997: 110). Por ser um processo de construção subjetivo, a discussão sobre a alteridade sempre ficou restrita ao mundo das idéias, quando seu entendimento deve se dar como um processo que se materializa no corpo, que é o mediador com o social.

Ao se discutir o esforço das mulheres para conquistar espaço num mundo predominantemente masculino, discute-se também a transformação que o corpo dessas mulheres sofreu para ocupar esses espaço, visto que um dos principais argumentos para sua exclusão no final do século XIX e início do século XX estava assentado sobre argumentos biológicos. Ao longo do período posterior o que se viu foi a transformação da linguagem sobre o corpo e as habilidades motoras, já que a mulher provocou o deslocamento de uma condição social e de um papel no tempo e no espaço. A partir dessa referência observa-se que as primeiras atletas que participaram de uma competição olímpica em 1900, não eram a representação de um ideal de beleza ou de saúde, como visto na atualidade. Não que o esporte de alto rendimento seja sinônimo desses dois substantivos, mas, na atualidade, são padrões almejados por populações de não atletas.

Daí a compreensão de Daolio (2005: 37) de que *para além das semelhanças ou diferenças físicas, existe um conjunto de significados que cada sociedade escreve nos corpos dos seus membros ao longo do tempo, significados estes que definem o que é corpo de maneiras variadas.*

Das mulheres participantes dos jogos do começo do século às mulheres atletas da atualidade vê-se um conjunto de transformações pelas quais passaram praticantes e espectadoras de espetáculos esportivos. O corpo trabalhado da atleta, condição imprescindível para seu desempenho esportivo, transformou-se ao longo do século, num padrão de beleza, por vezes confundido com saúde, desejado por grande parcela da população.

Se por intermédio do corpo humano é possível se fazer uma reflexão sobre aspectos da estrutura de uma sociedade particular, como entender a persistência de alguns padrões de comportamento mesmo diante de todas as transformações por que passou, pelo menos, grande parte do mundo ocidental neste último século?

A prática feminina de algumas modalidades esportivas é uma demonstração do esforço feito na busca do respeito a igualdade e a alteridade.

Faz parte de nossa história deliberações como a de n.7, de 1965, do CND (Conselho Nacional de Desportos) que instruiu entidades esportivas no Brasil sobre a participação feminina em modalidades esportivas, estabelecendo: não é permitida a prática de lutas de qualquer natureza, futebol, futebol de salão, futebol de praia, pólo, halterofilismo e beisebol (Taffarel e França, 1994). Essa é uma confirmação de que algumas modalidades, como o futebol, foram mantidas e preservadas como pertencentes a um universo masculino, não somente na representação de torcedores, mas também na legislação que o regula. Mesmo diante da citação de outras modalidades, foi o futebol que esperou até a década de 90 para experimentar ver os campos ocupados não apenas por homens.

Hoje países como Noruega, Alemanha, EUA, Austrália e Brasil, entre outros, começam a ver seus times femininos disputando campeonatos mundiais e Jogos Olímpicos, sem que isso signifique que o preconceito tenha recrudescido ou que as 'estranhas no ninho' tenham se tornado familiares.

Segundo Bruhns (1995) tido como essencialmente masculino, o futebol desfruta dessa reputação não só na representação de torcedores como também na legislação que o regula.

No caso específico do Brasil essa situação ganha contornos específicos.

Daolio (1997) argumenta:

Sobre um menino, mesmo antes de nascer, já recai toda uma expectativa de segurança e altivez de um macho que vai dar seqüência à linhagem. Na porta do quarto da maternidade, os pais penduram uma chuteirinha e uma camisa da equipe de futebol para a qual torcem. Pouco tempo depois, dão-lhe uma bola e o estimulam aos primeiros chutes. (p. 82)

Se ao menino são dados esses reforços na esperança da 'escolha certa' com relação a menina a expectativa é outra:

Em torno de uma menina, quando nasce, paira toda uma névoa de delicadeza e cuidados. Basta observar as formas diferenciais de se carregar meninos e meninas, e as maneiras de os pais vestirem uns e outros. As meninas ganham de presente, ao invés de bola, bonecas e utensílios de casa em miniatura. Além disso, são estimuladas o tempo todo a agir com delicadeza e bons modos, a não se sujarem, não suarem. (p. 83)

Essa diferenciação entre os sexos, relacionada basicamente ao futebol, não é prerrogativa apenas da cultura brasileira. Kolnes (1995) num estudo sobre a experiência de atletas mulheres com as representações e imagens sobre feminilidade e masculinidade na Noruega destaca que ser mulher e jogadora de futebol são papéis que não combinam e que na experiência das jogadoras há um entendimento de que ser jogadora de futebol é algo essencialmente não feminino.

Se adquirida ou construída, sem dúvida, a construção da identidade da mulher que joga futebol passa não apenas pela representação social que ela própria, e todo o seu meio, têm desse esporte, mas pela modelação e transformação que seu corpo passa a sofrer para que ela alcance seus objetivos.

A representação que se tem de feminilidade no esporte de alto rendimento é um processo múltiplo e complexo que envolve numerosos fatores como mídia, indústria da moda, patrocinadores e torcida. Entende-se que uma forma de contribuir para essa discussão seja estudando as conexões entre força física e o significado que isso tem na socialização de gênero.

E mais uma vez recorreremos a Kolnes (1995) que aponta para o fato de que enquanto se espera que os homens sejam fisicamente fortes, espera-se que as mulheres sejam mais frágeis do que os homens com quem interagem. Quando homens e mulheres fogem a essa regra há uma tendência em categorizá-los como desviantes. Um homem com fragilidade física é tido como 'feminilizado' enquanto que uma mulher com força física é rotulada como 'masculinizada'. Para participar de esportes meninos têm que ser tradicionalmente masculinos, ou seja, fortes, impetuosos e agressivos. A possibilidade de a mulher fazer parte desse mundo esportivo é menor, afinal, esporte nunca teve como finalidade tornar a mulher mais feminina.

Mesmo diante do espaço conquistado ao longo deste século, a participação feminina representa apenas uma das faces do discurso sobre as relações de gênero que se espelha no esporte. Ela é peça de uma engrenagem maior e mais complexa que se encontra presente em todos os nichos sociais e contribui para reproduzir as relações de gênero. Ainda que a presença da mulher nas arenas esportivas tenha servido como referência de liberdade, igualdade e apropriação de seus próprios corpos para outras mulheres, não se pode concluir que esse movimento no esporte tenha contribuído de maneira revolucionária na derrubada de estereótipos de feminilidade. Enquanto instituição social representativa que é, onde significados sobre gênero são constantemente reproduzidos e contestados, o esporte de alto rendimento continua a contribuir para com a legitimação ideológica de heterossexualidade como um princípio organizador do esporte feminino.

Considerações Finais

A grande contribuição das atletas de 1920 para a atualidade foi iniciar uma luta que culminou na conquista do seu direito à existência, tanto na sociedade quanto no cenário esportivo. Embora possamos apontar a persistência de barreiras em relação à presença feminina em alguns espaços, que se manifestam de maneira cada vez mais velada, sob a falácia do que freqüentemente se considera "naturalmente distintivo do sexo feminino". Ainda assim, é possível afirmar que as experiências advindas da década de 1920 no que se refere tanto às práticas femininas recomendadas, quanto às que eram consideradas inadequadas, foram fundamentais para a ampliação dos espaços, da visibilidade e das possibilidades de práticas corporais entre as mulheres brasileiras.

A despeito de ser objeto ou anti-objeto, o que parece se fazer necessário é a superação da extrema valorização do olhar do outro. E como tem mostrado a história, este parece ser o percurso permanente das mulheres, avançar cada vez mais na direção de sua emancipação enquanto agente histórico. Um sinal deste avanço no campo esportivo é percebido no já citado estudo de Knijnik, o autor relata que apesar do preconceito as meninas se afirmam enquanto jogadoras. 61% das jogadoras entre 16 e 21 anos dizem que indicariam o futebol para uma menina que quisesse praticar um esporte. O mesmo não aconteceu na faixa etária entre 22 e 27 anos, onde apenas 38,46% indicariam o esporte. Para o autor, entre as esportistas mais jovens, há uma melhora na perspectiva de participação feminina no futebol.

Para além do preconceito e dos rótulos, a persistência destas mulheres esportistas em conquistar este espaço virilizado desde a década de 1920 até os nossos dias, num campo tão cheio de preconceitos, é o verdadeiro prêmio do qual todas nos beneficiamos e não a espetacularização de seus corpos.

Referências Bibliográficas

AZEVEDO, F. **Da Educação Física – O que ela é, o que tem sido e o que deveria ser.** Seguido de Antinoüs – Estudo da cultura atlética e A evolução do esporte no Brasil. Obras Completas de Fernando de Azevedo. São Paulo: Melhoramentos, 3ª edição, 1960.

BAUDRILLARD, J. **A troca simbólica e a morte.** São Paulo: Ed. Loyola, 1996.

BRUHNS, H. T. Corpos femininos na relação com a cultura. In: ROMERO, E. org. **Corpo, mulher e sociedade.** Campinas: Papirus, 1995.

BRUSCHINI, C. **Mulher, Casa e Família.** São Paulo: Vértice, Editora Revista dos Tribunais, 1990.

CANTARINO, C. A sonhada beleza virtual. *In* www.comciencia.com.br/labjor

CARDOSO, M. **Os Arquivos das Olimpíadas.** São Paulo: Panda, 2000.

CHAGAS. E. P. **Educação Física: reflexo das concepções dominantes sobre o controle do corpo feminino.** Santa Maria, 1991. Dissertação de mestrado. Universidade Federal de Santa Maria.

COUBERTIN, P. **Olympism.** Lausanne: Comité International Olympique, 2000, p.711-713.

DAOLIO, J. **Da cultura do corpo.** Campinas: Papirus, 2005.

DAOLIO, J. A construção cultural do corpo feminino ou o risco de transformar meninas em 'antas'. In: DAOLIO, J. **Cultura, educação física e futebol.** Campinas: Editora da Unicamp, 1997.

GOELLNER, S. V. **Bela, maternal e feminina: imagens da mulher na Revista Educação Physica.** Ijuí: Editora Unijuí, 2003.

GOELLNER, S. V. O Espetáculo do Corpo: Mulheres e Exercitação Física no Início do Século XX. In: CARVALHO, Marie Jane Soares; ROCHA, Cristianne Maria Farmer (Orgs.). **Produzindo Gênero.** Porto Alegre: Sulina, 2004.

GOELLNER, S. V. **O esporte e a espetacularização dos corpos femininos.** Labrys – estudos feministas nº 4, agosto/dezembro 2003.

KEHL, M. R. **A "teenagização" da cultura.** Folha de São Paulo, 20/09/98 – MAIS.

KNIJNIH, J. D. **No país do futebol, preconceito ainda impõe barreiras à prática feminina.** *In* www.usp.br/agenciausp

KOLNES, L. J. Heterosexuality as na organizing principle in women's sport. **International Journal for Sociology of Sport.** 30/1, 1995. LENK, M. **Braçadas e Abraços.** Grupo Atlântica-Boa Vista, 1982.

LOURO, G. L. **Gênero, sexualidade e educação.** Petrópolis: Vozes, 1997.

MARIUZZO, P. **Os diferentes modos de ser belo.** *In* www.comciencia.com.br/labjor

PAIM, M. C. C. Estereótipos de gênero relacionados com a prática do futebol. **Lecturas: Educación física e deportes**, ISSN 1514-3465, n° 75, 2004.

RAGO, M. Ser mulher no século XXI ou Carta de Alforria. In.: G. Venturi, M. Recamán e S. Oliveira (orgs) **A mulher brasileira nos espaços público e privado.** São Paulo: Perseu Abramo, 2004.

RUBIO, K.; DAOLIO, J. A incorporação da alteridade como caminho para a construção da cidadania. In: **Anais do X Congresso Brasileiro de Ciências do Esporte.** Goiânia, p. 109-113, 1997.

RUBIO, Katia; SIMÕES, Antonio Carlos. De espectadoras a protagonistas: A conquista do espaço esportivo pelas mulheres. **Revista Movimento.** N° 11, ano V, 1999/2.

SANT´ANNA, D. B. **Corpos de Passagem: ensaios sobre a subjetividade contemporânea** – São Paulo: Estação Liberdade, 2001.

SCHPUN, M. R. **Beleza em Jogo: Cultura física e comportamento em São Paulo nos anos 20.** São Paulo: Boitempo, 1999.

SEVCENKO, N. **O grande motim.** Folha de São Paulo, 20/09/98 – MAIS.

TAFFAREL, C. N. Z.; FRANÇA, T. A mulher no esporte: o espaço social das práticas esportivas e de produção do conhecimento científico. **Revista Brasileira de Ciências do Esporte.** n.3, v. 15, 1994.

Sobre as Origens do Esporte Moderno e do Olimpismo

KÁTIA RUBIO

O esporte e a atividade física chegam ao século XIX acompanhando as transformações políticas e sociais que começaram nos séculos anteriores – Iluminismo, Revolução Industrial e Revolução Francesa – demonstrando, desde então, uma tendência a servir como uma tela de projeção da dinâmica social.

Merece especial atenção o processo ocorrido na Inglaterra dos séculos XVIII e XIX, uma vez que nesse país surgiram e se difundiram vários elementos do esporte moderno em um modelo que se chama de popular.

Conforme Mandell (1986) o esporte como se conhece na sociedade contemporânea surgiu em um momento histórico marcado por condições sociais particulares e foi modelado conforme cânones de prazer e ócio da aristocracia e da burguesia.

Lasch (1983) apresenta por sua vez o argumento de que a burguesia tentava estabelecer a sobriedade puritana da sociedade norte-americana reprimindo esportes e festas populares, até perceber que o esporte era um aliado para seus objetivos imperialistas.

A origem do esporte se confunde com a história da Inglaterra e de sua dinâmica educacional, pautada nas *public schools*. Distante do que seu nome sugere as *public schools* eram centros educativos seletos freqüentados pelos filhos, do sexo masculino, da aristocracia e da alta burguesia (Rubio, 2002.a.).

González (1993) afirma que essas escolas caracterizavam-se pela mais completa autonomia dos alunos no uso de seu tempo livre, por uma grande disciplina interna, que levava ao abuso, à tirania e a crueldade física dos alunos mais velhos e maiores sobre os mais novos. A necessidade de regulação das atividades de ócio levou a uma reformulação das instituições educacionais ao longo do século XIX. Esse momento é marcado pela utilização do esporte como parte da estratégia de controle das atividades dos adolescentes das classes dominantes e, em um período muito curto de tempo, transformou-se em um dos conteúdos curriculares mais importantes dessas instituições.

Até então, tradicionalmente os estudantes tinham garantido o direito de desfrutar e disponibilizar de seu tempo livre de acordo com seu desejo, porque se supunha que tal liberdade era de fundamental importância para a formação do espírito independente dos futuros líderes sociais. Entretanto, a crueldade, a vulgaridade e a rudeza das práticas de tempo livre realizadas pelos estudantes ingleses levaram as autoridades educacionais a reconsiderar o princípio da liberdade e independência, instalando um sistema de vigilância que teve importantes desdobramentos para a organização das atividades esportivas. Alguns passatempos tradicionais foram prontamente proibidos, outros que foram considerados suscetíveis de serem regulados, de ajustar-se melhor a um marco espacial definido ou de fomentar espírito de equipe, foram adotados.

Esse processo não foi pacífico nem aceito prontamente (González, 1993; Ulmann, 1982). Depois de muita resistência os estudantes conseguiram manter sua tradicional autonomia em relação ao uso do tempo livre, e enquanto isso se potencializava a estrutura hierárquica baseada na tradição dos veteranos. Isso significava que os processos de regulação a que foram submetidos os passatempos tradicionais pré-esportivos até serem transformados em esportes como, por exemplo, o futebol e o rugby, foram produto, fundamentalmente, de assembléias de cursos e escolas, de discussões entre os estudantes relativas às técnicas corporais que deviam ser aceitas. Foram sistematizados os códigos, os gestos apropriados e homologadas as similitudes e as variedades das diversas modalidades.

A permissão e a regulamentação dessas práticas não envolviam apenas os estudantes. Diretores e professores, cuja formação era basicamente clerical, precisavam ser convencidos e conquistados para essa causa. Investido de caráter educativo, o esporte se transformou em componente central dos currículos escolares. Quadras, campos, piscinas e pistas converteram-se em verdadeiro celeiro de líderes, denominados por Mangan (1986) de *cristandade muscular*. Esses *gentlemen* estavam prontos para atuar na indústria, na política, no exército, nas empresas comerciais e na administração do império colonial e a influência socializante dos jogos era enfatizada para promover liderança, lealdade, cooperação, autodisciplina, iniciativa e tenacidade, qualidades necessárias à administração do Império britânico.

E assim, a Inglaterra passou a exportar as práticas esportivas juntamente com suas mercadorias e poder bélico para a Índia, para a África, para a América e onde mais se descortinasse um mercado consumidor.

Ainda que as *public schools* estivessem voltadas para a formação dos filhos da aristocracia e da alta burguesia e aparentassem representar um único modelo educacional inglês, havia as escolas que abrigavam as crianças filhas da classe trabalhadora, escolas de ensino fundamental associadas à Igreja e a entidades particulares de caráter beneficente. Nessas escolas o modelo de atividade física adotado era o da ginástica sueca de Ling, gerando uma dualidade de sistemas na educação física inglesa: jogos organizados nas *public schools* e ginástica nas escolas primárias, ou seja, nas primeiras tem-se a formação de líderes empreendedores e bons oficiais, e nas segundas bons operários e soldados, talhados na disciplina e nos efeitos fisiológicos do exercício sistemático (Betti, 1991; Rubio, 2006).

As diferenças sociais também se refletiam na prática esportiva. De acordo com Guttmann (1976) o esporte da elite tinha como finalidade a socialização e o desenvolvimento de papéis cujo principal traço seria a liderança necessária para o comando dentro e fora do território. Os esportes do proletariado, por outro lado, seriam o veículo para uma outra forma de socialização. Caminhavam na direção das modalidades coletivas onde predominava a aprendizagem e a prática da subordinação e a aceitação da autoridade, autoridade essa simbolizada mais imediatamente na figura do técnico. Cedo os atletas-operários eram iniciados na rotina do sistema industrial. Independente da classe social o esporte cumpria uma função utilitária, fosse para uso externo, na conquista de novos mercados, fosse para uso interno, no incremento da produção inglesa.

Desde a primeira metade do século XIX os jogos populares tornaram-se alvo da atenção e intervenção por parte dos setores mais puritanos e moralistas das classes dominantes. A heterogeneidade dos diversos grupos sociais levou à criação de várias e distintas associações que acabaram por complementar-se, culminando em um efeito regular amplo e efetivo. As igrejas, de acordo com González (1993) foram uma das principais agências na difusão da mensagem esportiva. Como meio de intervenção tinham fácil acesso às comunidades e bairros de trabalhadores e dispunham de espaço que podiam ser transformados em campos de jogo exatamente ao lado das igrejas. Com isso facilitavam as atividades esportivas e ampliavam o rebanho de fiéis. Além disso, os religiosos jovens acreditavam no esporte e perceberam que essa atividade seria um bom meio para atrair fiéis para a igreja. Young (1968) afirma que milhares de clubes e equipes esportivas foram constituídos sob o amparo de instituições religiosas.

Mas não foram apenas as igrejas que descobriram o poder da atividade esportiva. As fábricas foram outro importante foco de criação de clubes esportivos. As equipes de futebol constituíram-se como uma das principais atividades recreativas dos trabalhadores das cidades industriais durante o inverno. As diferenças sociais proporcionaram concepções distintas de ver e praticar o futebol, fazendo emergir uma questão central para o esporte inglês e o Movimento Olímpico contemporâneo: o amadorismo.

O Movimento Olímpico

O Movimento Olímpico contemporâneo tem como principal ideólogo Pierre de Freddy, conhecido pelo título nobiliárquico de Barão de Coubertin. Educador, pensador e historiador, empenhou-se na reorganização dos Jogos. Sua preocupação fundamental era valorizar a competição leal e sadia, o culto ao corpo e à atividade física.

Coubertin começou a freqüentar a École Supérieure des Sciences Politiques na qual teve contato com a pessoa e a obra de Hipólito Taine e com um núcleo anglófilo que buscava compreender a dinâmica cultural inglesa onde se originava o modelo de esporte moderno.

De acordo com Tavares (2003) duas características da sociedade inglesa interessavam a Coubertin e iriam influenciar sobremaneira sua obra e suas ações: uma delas era o 'espírito de associação' da sociedade inglesa corporificado nas associações privadas de patronato; o segundo foi o sistema educacional inglês, onde se educava para a vida numa sociedade

Embora Coubertin encontrasse em Taine o eco necessário para a reflexão sobre um modelo pedagógico foi em Frédéric Le Play que a reforma social por meio de uma pedagogia esportiva encontrou sua principal referência (Mangan, 1986).

Coubertin começou a se preocupar em desenvolver um modelo de reforma social por meio da educação e do esporte em uma perspectiva internacionalista depois de obter pouco sucesso com programas de caráter educacional em seu país, a França. MacAloon (1984) aponta que durante os idos de 1880 visitou inúmeras escolas inglesas, uma verdadeira peregrinação, em busca de referência para seu projeto esportivo-pedagógico, deslocando, entretanto esse micro sistema – a educação – do macro sistema – a sociedade – no qual ele estava inserido e situado. Não satisfeito com isso, em 1889, partiu para os Estados Unidos para conhecer de perto o modelo educacional americano. Nessa oportunidade Coubertin mostrou-se surpreso com os 'sentimentos democráticos do catolicismo americano' que separava igreja do Estado e tolerava a liberdade de culto, fato menos comum na Inglaterra. Talvez essa questão tenha lhe chamado tanta atenção em virtude da resistência que os países de cultura puritana ofereciam à idéia dos jogos Olímpicos, relacionando-os com uma festa pagã, extinta pelo imperador Teodósio, um católico fervoroso, a pedido do bispo de Milão, San Ambrosio, no ano de 394.

Foi, sobretudo, o renascimento do interesse pelos estudos clássicos, fazendo reviver na intelectualidade de então a fascinação que a cultura helênica exercia sobre a cultura européia, além das descobertas de sítios arqueológicos que permitiam desvendar acontecimentos relacionados aos Jogos Olímpicos da Antiguidade, que levou Pierre de Coubertin a tomar para si a tarefa de organizar uma instituição de caráter internacional com a finalidade de cuidar daquilo que seria uma atividade capaz de transformar a sociedade daquele momento: o esporte.

Tavares (2003) aponta que o estabelecimento do Movimento Olímpico nos idos de 1894 coincide com a criação e proliferação de um amplo espectro de organizações de cunho internacionalista, cujo principal objetivo era a promoção da paz. Isso porque, embora durante o século XIX tivesse ocorrido um grande desenvolvimento das ciências humanas e da produção de idéias, os conflitos ainda eram resolvidos de forma brutal por meio da guerra. As organizações internacionalistas buscavam a resolução de conflitos, tanto de ordem interna como externa, pelo uso da razão e das leis, e não pelas armas. Dentro dessa lógica a competição esportiva era uma forma racionalizada de conflito, sem o uso da violência.

O projeto de restauração dos Jogos Olímpicos como na Grécia Helênica veio a público em 25 de novembro de 1892 quando da ocasião do 5º aniversário da União das Sociedades Francesas de Esportes Atléticos, que teve como paraninfo o Barão de Coubertin. Naquela ocasião ele manifestaria seu desejo e intenções com relação os Jogos: *É preciso internacionalizar o esporte. É necessário organizar novos Jogos Olímpicos* (López, 1992:21).

A tarefa audaciosa de promover uma competição esportiva de âmbito internacional, espelhada nos Jogos Olímpicos gregos, com caráter educativo e permanente, demandava a criação de uma instituição que desse o suporte humano e material para a realização de tal empreitada.

E assim, em junho de 1894, na Sorbonne, em Paris, teve início o congresso esportivo-cultural, no qual Coubertin apresentou a proposta de recriação dos Jogos Olímpicos e da criação do Comitê Olímpico Internacional (COI). Inicialmente o Barão intentava realizar a primeira edição dos Jogos Olímpicos na capital francesa em 1900, como parte das comemorações da virada do século que ocorreria em seis anos. Entretanto, diferentemente do que havia sugerido o proponente, a competição foi antecipada para o ano de 1896, para Atenas, como uma deferência aos criadores dos jogos originais (Rubio, 2006). A missão e intenção do COI era organizar os Jogos Olímpicos bem como a normatizar as modalidades disputadas, muitas delas recém-criadas e sem um corpo de regras universalizadas. A idéia inicial, e que posteriormente foi perpetuada, era da celebração de uma competição de caráter internacional, com realização quadrienal, cujos participantes estariam vinculados a representações nacionais.

O COI foi constituído por representantes de várias nacionalidades indicados pelos participantes do encontro da Sorbonne. A proposta de criação da instituição nessas bases guardava preocupações com a isenção, autonomia e independência de um movimento que se propunha internacional, apolítico e apartidário. O receio de lidar com conflitos internos e o ceticismo com a democracia levou Coubertin a estruturar e organizar o COI como uma instituição unipartidária, em um modelo próximo ao oligárquico, tendo como documento norteador de sua prática a Carta Olímpica, elaborada pelo fundador do movimento olímpico em aproximadamente 1898

(Valente, 1999). Regidos desde então por princípios fundamentais contidos nesse documento, os Jogos Olímpicos pautaram-se por um conjunto de valores que são a referência fundamental do Movimento Olímpico até os dias atuais.

De acordo com Tavares (1999.a) os Jogos Olímpicos eram para seu reinventor a institucionalização de uma concepção de práticas de atividades físicas que transformava o esporte em um empreendimento educativo, moral e social, destinado a produzir reflexos no plano dos indivíduos, das sociedades e das nações. A definição de Olimpismo contida nos Princípios Fundamentais da Carta Olímpica (2001) é pouco precisa ou, como afirma DaCosta (1999), uma filosofia *em processo* durante o tempo de vida de Coubertin – o que tem levado estudiosos do tema a discussões extensas e inconclusivas (Grupe, 1992; Sagrave, 1988). Vale ressaltar que o termo Olimpismo refere-se ao conjunto de valores pedagógicos e filosóficos do Movimento Olímpico, e não aos aspectos formais e/ou burocráticos que sustentam a instituição e o fenômeno olímpico.

As modernas Olimpíadas, ou seja, o período em que ocorrem as edições dos Jogos Olímpicos, dividem-se em Jogos de inverno e de verão, ocorrem de quatro em quatro anos, como na Antigüidade, alternando-se a cada dois anos entre os Jogos de Verão e os de Inverno. Diferentemente da dificuldade para definição da sede ocorrida nas edições iniciais, na atualidade, a realização das competições é disputada por grandes metrópoles dos cinco continentes, em um processo que demanda alguns anos.

Para os gregos, os Jogos representavam um momento de trégua nas guerras e conflitos de qualquer ordem para que competidores e espectadores pudessem chegar a Olímpia. Ao longo desse um século de competições os Jogos Olímpicos da Era Moderna já sofreram interrupção por causa das duas Grandes Guerras e boicotes promovidos por Estados Unidos e União Soviética na década de 1980, indicando que o Movimento Olímpico não está alheio às questões sociais e políticas do mundo contemporâneo como desejava Pierre de Coubertin.

Apesar dos boicotes e das inevitáveis gestões diplomáticas para a superação de conflitos internacionais foi basicamente dois preceitos olímpicos fundamentais que mais fizeram o Movimento Olímpico ver sua estabilidade abalada: o *fair play* e o amadorismo.

O *fair play*

O *fair-play* ou 'espírito esportivo', ou 'jogo limpo', ou 'ética esportiva' pode ser definido como um conjunto de princípios éticos que orientam a prática esportiva, principalmente do atleta e também dos demais envolvidos com o espetáculo esportivo. O *fair-play* presume uma formação ética e moral daquele que pratica e se relaciona com os demais atletas na competição, e que este atleta não fará uso de outros meios que não a própria capacidade para superar os oponentes. Nessas condições não há espaço para formas ilícitas que objetivem a vitória, suborno ou uso de substâncias que aumentem o desempenho.

Dentre os valores culturais ingleses com os quais Pierre de Coubertin teve contato, o *fair play* foi sem dúvida aquele que mais influência exerceu sobre sua concepção de Olimpismo. A gênese do *fair play* está fincada no cavalheirismo, espécie de comportamento social que contemplava a nobreza de caráter, os valores cristãos e humanistas relacionados ao Renascimento. Esse *ethos* cavalheiresco era a base do comportamento que definia um *gentleman*, o ideal de homem na sociedade inglesa do século XIX. A transposição para o âmbito esportivo dessa atitude social foi idealizada e empregada desde o surgimento do Movimento Olímpico contemporâneo, afirmando a relação de projeção que há entre sociedade-cultura e movimento olímpico-esporte. Entretanto, embora a Inglaterra representasse a principal potência no cenário geopolítico de então, exercendo uma forte hegemonia sobre países europeus e americanos, seus padrões culturais não eram universais. Sendo assim, é de se esperar que o *fair play* também não representasse uma unanimidade.

Tavares (1999.b) endossa essa afirmação apontando que as implicações do *fair play* enquanto um conjunto de valores normativos dos comportamentos no ambiente da competição reflete a formulação de um ambiente cultural específico. Em outro trabalho Tavares (2003) cita o filósofo alemão Gunter Gebauer para discutir o paradoxo inerente ao esporte que associa a 'liberdade de excesso' (*altius, citius, fortius*) e o cavalheirismo (*fair play*) por serem dificilmente compatíveis diante das codificações éticas e princípios morais em um campo onde o que prevalece são as ações práticas.

Diante do universalismo sugerido e desejado pelo Olimpismo seria de se esperar que o multiculturalismo fosse contemplado em respeito aos diversos atores sociais que protagonizam os Jogos Olímpicos, a principal manifestação do Movimento Olímpico. Entretanto, assim como o ideal de amadorismo, o *fair play* foi concebido a partir de uma perspectiva cultural dominante, e como decorrência natural eurocêntrica (ou anglocêntrica), em um momento em que a estrutura e organização olímpica restringiam-se a um grupo restrito de pessoas que tinham a si próprios como referência para a criação de regras.

Diante desse quadro, Abreu (1999:75) destaca que o Olimpismo e, conseqüentemente, suas bases multiculturais *guardam conceitos tradicionalmente transmitidos pela cultura universal e posições contestadoras referentes a problemas atuais. Portanto, conforme a experiência histórica, a atividade esportiva é ensinada e vivida de forma diferente em cada sociedade, sendo interpretada segundo valores da cultura local.*

A atividade esportiva, bem como a competitiva, são criações culturais localizadas histórica e geograficamente. A universalidade desejada é construída demandando tempo para a sua assimilação. Um exemplo dessa dinâmica são as regras para a aceitação de uma nova modalidade esportiva em Jogos Olímpicos.

Os estudos sobre o *fair-play* têm recebido a atenção de estudiosos do Olimpismo preocupados com as transformações que vêm ocorrendo nas regras e conduta dos praticantes das diversas modalidades esportivas, bem como do avanço dos estudos culturais (Lenk, 1986; Mangan, 1996; Marivoet, 1998; Tavares, 1999.b). Isso porque o próprio Movimento Olímpico criou padrões, normas e orientações que norteiam e influenciam a prática e o entendimento do esporte, tanto por parte de quem o pratica como de quem o assiste.

A compreensão e aplicação do *fair play* envolvem elementos emocionais e cognitivos que levaram Lenk (1986) a postular duas manifestações possíveis o ***fair-play* formal** que está relacionado diretamente ao cumprimento de regras e regulamentos escritos e formalizados que o participante da competição deve cumprir, em princípio, sendo considerado como uma 'norma obrigação' (*must norm*). É o comportamento normatizado, caracterizado como um comportamento objetivo; e o *fair-play* **não formal** relacionado ao comportamento pessoal e aos valores morais do atleta e daqueles envolvidos com o mundo esportivo. Não está limitado por regras escritas e é legitimado culturalmente. A ausência de uma regulamentação oficial confere a ele um caráter subjetivo. É o comportamento efetivo influenciado pelos estados emocionais e motivacionais.

Apesar de caracterizado por uma abordagem normativa e conservadora do comportamento atlético, o *fair-play* serviu durante longo período como orientação para os protagonistas do espetáculo esportivo, ainda que não fosse seguido durante todo o tempo. Entretanto essa abordagem tem passado por profundas alterações em virtude das transformações que o Olimpismo atual vem sofrendo e na potência comercial que o COI se tornou. Dentre os muitos interesses que cercam o cumprimento de normas ou uma atitude cavalheiresca com um adversário estão os interesses de empresas e meios de comunicação de massa responsáveis pela divulgação e espetacularização do evento esportivo. Contribuiu grandemente para essa transformação o advento das transmissões televisivas que permitiram o acompanhamento em tempo real das façanhas realizadas nas pistas, quadras, piscinas e ginásios.

Marivoet (1998) considera que o desenvolvimento do modelo profissional de atuação esportiva deve ser considerado um dos principais perturbadores do *fair play*. Isso porque ao nível da mais alta competição que o profissionalismo impõe a dedicação em tempo integral a que o atleta é submetido, exige contrapartidas pecuniárias que assumem elevadas somas em algumas modalidades.

O amadorismo

Como já discutimos anteriormente, o esporte foi originalmente concebido como uma prática tipicamente aristocrática e da alta burguesia, tido como uma atividade de ócio e um meio de educação social dos filhos dessas classes sociais, fato que sofreu grandes transformações com a proliferação do esporte em outras camadas sociais.

Essa concepção levou o atleta amador a ser definido como aquele que *pratica esporte apenas por prazer e para usufruir tão somente dos benefícios físicos, mentais e sociais que derivam dele e cuja participação não é nada mais do que recreação sem ganho material de nenhuma natureza, direta ou indireta* (Bastos, 1987: 75).

Preocupados com a perda do controle da prática esportiva originária em seus domínios, aristocratas e burgueses lançaram-se em defesa dessa atividade alegando que a permissão para o seu exercício seria dada apenas àqueles que pudessem tê-la para uso no tempo ocioso, distanciando o trabalhador da participação em esportes institucionalizados e dos Jogos Olímpicos. O amadorismo foi no passado tema tão tabu quanto o uso de substâncias dopantes, considerado uma virtude humana e condição *sine qua non* para qualquer atleta olímpico. Mas, mais que um valor ético essa imposição era um qualificador pessoal e social dos atletas que se dispunham a seguir a carreira esportiva (Rubio, 2002.b).

Embora associado a uma atividade não remunerada, o conceito de amadorismo viu-se envolvido em ambigüidade devido às transformações sociais ocorridas ao longo do século XX. Uma das questões principais dessa discussão se deu após a entrada dos países do bloco socialista nas disputas olímpicas. Para o mundo capitalista parecia não haver dificuldades em identificar amadores e profissionais. Amador era todo aquele atleta que não recebia qualquer bem ou valor em troca de sua atuação esportiva. Profissional, por sua vez, tinha a sua força de trabalho, a performance, paga pelos clubes que negociavam passes e salários, gerando a razão de ser do capitalismo: o lucro. Já para os participantes do chamado bloco socialista, o argumento da socialização dos meios de produção era utilizado para negar a existência de profissionais do esporte, afirmando a condição amadora de todos seus atletas-cidadãos.

Diante disso, afirmam Salles e Soares (2002), o status de atleta estava relacionado com uma atitude do esportista, representava um estilo de vida e diante da dinâmica das relações internacionais passou a ser determinado por questões internas dos diversos Estados participantes dos Jogos Olímpicos.

Embora essa questão fosse tema constante de reuniões e congressos do Comitê Olímpico Internacional, para Coubertin o amadorismo não era uma querela de toda solucionada a ponto de fazê-lo se posicionar claramente. Em seu livro de memórias publicado em 1997 Coubertin finalmente esclarece sua posição sobre o tema.

Deixa claro que a questão do amadorismo não era central para si, mas diante da importância que adquiria para a comunidade britânica e do peso político desse grupo dentro do Comitê Olímpico Internacional, era então necessário tomar posição contra o 'perigo' que o profissionalismo poderia representar para os Jogos Olímpicos.

Alguns autores chegaram a afirmar que essa questão poderia comprometer a própria razão de ser do Movimento Olímpico, caso suas bases não fossem revistas. É o caso de Donnely (apud Gomes & Tavares, 1999) para quem o amadorismo é fundamental para o Olimpismo. Embora seu desenvolvimento tenha se dado dentro de um contexto bastante específico – uma Inglaterra regulada pela moral vitoriana. Por isso, o Olimpismo é para esse autor, uma atitude em extinção no mundo olímpico.

Como conseqüência desse processo e do esforço de muitos, o amadorismo foi sendo esquecido como um dos elementos fundantes e fundamentais do Olimpismo no final da década de 1970, emergindo um movimento de disfarce de atletas em funcionários de empresas para que escapassem à condição de profissionais do esporte. Esse esforço foi substituído definitivamente e com sucesso pelos contratos com patrocinadores e empresas interessadas em investir no esporte.

Muitos foram os valores implicados nessa mudança. A transformação do espetáculo esportivo em um dos negócios mais rentáveis do planeta foi talvez a principal motivação para a reconsideração sobre o que era e qual a finalidade do amadorismo na participação do atleta em Jogos Olímpicos. A profissionalização acabou por imprimir uma grande alteração na organização esportiva tanto do ponto de vista institucional como na atividade competitiva em si, levando o esporte a se tornar uma carreira profissional cobiçada e uma opção de vida para jovens habilidosos e talentosos. Os protagonistas do espetáculo esportivo são na sociedade contemporânea figuras espetaculares, por realizarem feitos incomuns aos cidadãos médios, e públicas, por serem alvo de projeção e de identificação, principalmente pela população infantil e jovem. Esses olimpianos, como os designaria Morin (1997) são o exemplo de um profissional possível em um mundo onde o trabalho se torna escasso (Rubio, 2002.b).

No entender de Brohm (1993) o atleta competitivo é um novo tipo de trabalhador que vende a um patrão – clubes e patrocinadores

– sua força de trabalho que é um espetáculo capaz de atrair multidões a espaços públicos ou de reter milhões de telespectadores diante de um aparelho eletrônico. O amadorismo deixou de existir quando esse trabalhador do esporte teve agregado ao seu esforço o distintivo de um clube ou a logomarca de uma empresa.

A atividade esportiva como profissão é um fenômeno recente, posto que a profissionalização no esporte, exceto para o futebol onde isso já ocorria, só se tornou uma realidade a partir do início da década de 1980. O marco desse evento coincide com os Jogos Olímpicos de Los Angeles e os procedimentos que marcaram essa prática nas nações ricas do planeta, com fortes investimentos privados e públicos, diferem em muito dos países pobres ou em desenvolvimento onde o esporte ainda se estrutura em bases amadoras e/ou familiares.

O profissionalismo

A intenção de limitar o esporte a nobres e aristocratas intentava sobreviver dentro de uma concepção anacrônica de amadorismo derivada, em parte, de conceitos medievais de hierarquia social, em parte do ideal renascentista de habilidades plurais sem práticas específicas. Defendido arduamente por nobres e aristocratas, o amadorismo foi enfrentado ainda no século XIX, justamente na modalidade que sintetiza a organização do esporte moderno.

Dunning e Sheard (1976) analisaram a cisão do esporte inglês em 1895 quando dissidentes do Rugby Football Union (RFU) fundaram a Rugby League Professional (RLP). O conflito imediato surgiu por causa do rígido senso de amadorismo da RFU a qual não admitia qualquer tipo de pagamento para seus atletas e clubes por treinos e jogos, exceto medalhas. A questão central desse procedimento era a natureza social do esporte como instituição. O centro dessa controvérsia era o receio de nobres, aristocratas e alta burguesia ver a prática esportiva cair nas mãos da classe operária, principalmente na região industrial inglesa, ao norte. Em outras palavras, ainda que a elite das *public schools* tendia a racionalizar seu *ethos* no esporte *stricto senso*, grande parte deles desejava preservar as características originais do esporte carregadas das hostilidades regionais e de classe. A condição amadora era um instrumento de estado de guerra de classes.

A exclusividade e a apropriação da prática esportiva deixou de existir na medida em que ela se tornou uma manifestação cultural maior que a expressão de um valor social. Guttmann (1992) lembra que uma forma dos *players* (como eram chamados os profissionais) se distinguirem do *gentlemen* (amadores sem qualquer atividade remunerada) foi a apropriação lenta e sistemática de atividades esportivas competitivas que culminaram nos Jogos dos Trabalhadores no ano de 1920. Organizado pelos socialistas europeus esses Jogos tinham por finalidade democratizar a prática esportiva competitiva, uma vez que a busca de bons resultados e índices estavam levando os atletas a se especializarem e se dedicaram com exclusividade à prática esportiva, impedindo o trabalhador de participar de forma igualitária do processo. Esses Jogos viriam a se repetir nos anos de 1929, 1933 e 1936 com grande sucesso de público e de participantes, tendo sido interrompidos em função da guerra.

Os Jogos Olímpicos da Era Moderna atravessaram o século XX e sobreviveram a duas Grandes Guerras, dois boicotes declarados e alguns disfarçados, mas não suportou a força do poder financeiro que prevaleceu sobre o espírito do amadorismo após os Jogos de Los Angeles – 1984. Entre os vários motivos que favoreceram essa abertura está a falta de entendimento generalizado do que seja a condição amadora. A disparidade provocada em algumas modalidades pela utilização de atletas do bloco socialista em disputas olímpicas levou à alteração da regra do futebol nos Jogos de Los Angeles – 1984 quando poucos meses antes da competição a FIFA proibiu a participação nos Jogos Olímpicos de atletas que já haviam disputado alguma Copa de Mundo independente da idade (Guttmann, 1976). A questão não era complexa. As seleções que disputavam a competição olímpica dispunham de atletas jovens, talentosos, mas com pouca experiência. Quando em disputa com as seleções dos países do bloco socialista a disparidade física ficava evidente, bem como os vários anos a mais de vida e de carreira. O argumento da falta de paridade prevaleceu.

Outro elemento que não pode ser desprezado na transformação dos valores do amadorismo foi a possibilidade de transmissão televisiva a partir dos Jogos de Roma. Desde então espetáculo Olímpico e televisão já não vivem mais separadamente e os valores dessa associação continuam a crescer a cada novo evento. A televisão passou incorporar o espetáculo olímpico tanto quanto os próprios atletas (Cardoso, 2000).

Uma nova ordem comercial se estabeleceu com a entrada da televisão no mundo olímpico. A visibilidade que os atletas ganharam estimularam empresas comerciais a terem suas marcas associadas àqueles seres sobre-humanos capazes de realizações incomuns. Diante do risco que a celebração de contratos podia representar para a carreira dos atletas, o caminho era burlar as normas por meio de atitudes inusitadas. Foi o que fez Mark Spitz nos Jogos de Munique-1972 que tendo se destacado como ganhador de sete medalhas de ouro com sete recordes, um feito nunca antes realizado por ninguém, subiu ao pódio com um par de tênis... no pescoço. Embora com o mundo a seus pés era na porção superior do corpo que sua marca ganhava destaque.

Simson e Jennings (1992) publicaram uma importante obra onde demonstram como o poder econômico minou ideais olímpicos tão duramente defendidos por Pierre de Coubertin ao longo de sua vida. A questão central dessa investigação era a relação próxima e discutível entre o COI, a FIFA e a uma empresa de material esportivo e os benefícios pessoais que essa 'amizade' estava proporcionando. Parecia difícil admitir que diante da nobreza da proposta olímpica justamente a corrupção, e não exatamente o profissionalismo ou o doping, pudesse macular a honra da instituição.

Outro fato que levou à busca da profissionalização não apenas entre os atletas, mas à estrutura do Comitê Olímpico Internacional como um todo, foi o crescente gigantismo dos Jogos Olímpicos. A necessidade de uma ampla infra-estrutura para realização das competições, bem como a acomodação de milhares de atletas, turistas e técnicos de apoio atrelaram a realização dos Jogos à boa vontade governamental dos países no qual eles ocorressem. Essa dinâmica foi mantida até os Jogos de 1976. Montreal, capital da província de Québec, apresentava a particularidade de ser uma cidade representativa da porção francófona canadense e, portanto, minoritária dentro da República canadense. As diferenças entre as comunidades e as rivalidades políticas levaram o governo a advertir os organizadores dos Jogos que nenhum centavo seria destinado a obras para essa finalidade. Embora recebesse 34,5 milhões de dólares pelos direitos de transmissão pela televisão, o governo local amargou um prejuízo de aproximadamente 1,7 bilhão de dólares, transformado em impostos que a comunidade quebecoise pagou até o ano de 2000 (Cardoso, 2000; López, 1992).

Depois dessa experiência era certa a necessidade de buscar novas estratégias para o futuro dos Jogos Olímpicos, que começava a ganhar novos contornos com os boicotes promovidos pelos Estados Unidos e seus aliados em 1980 e, posteriormente, pela União Soviética e países do bloco socialista em 1984 e com a eleição de Juan Antonio Samaranch para a presidência do COI em 1980.

Los Angeles-1984 o governo norte-americano não utilizou qualquer quantia dos cofres públicos para a realização de obras. Por sua vez o marketing esportivo mostrava sua razão de existir promovendo a captação de recursos suficientes para cobrir todas as despesas e ainda render lucro a seus organizadores. Dessa forma estava aberto o caminho para novos rumos olímpicos que não haveria de ter volta. Nos Jogos de Seul-1998 atletas e equipes experimentaram ousar sua capacidade de fazer brilhar a marca de seus patrocinadores, mas foram os Jogos Olímpicos de Barcelona-1992 que apresentaram o símbolo da profissionalização do esporte: o time de basquete norte-americano, chamado de *dream team*, bem como ciclistas participantes de provas como a volta da França, dona do maior prêmio em dinheiro da modalidade, e dos tenistas melhores colocados no ranking mundial.

Com o fim do amadorismo, o esporte converteu-se em um meio de vida, uma atividade profissional: homens de excepcionais dotes para a luta ou para a corrida passam a receber altas somas financeiras comprometendo-se a realizar determinadas atuações. Buscando responder a essas exigências, nos últimos anos os campeões do esporte passaram a ser transformados em rendosas mercadorias que são vendidas e negociadas em diversos pontos do planeta (Rubio, 2002.b; Silva e Rubio, 2003; Thomas, Haumont e Levet, 1988).

O atleta profissional não é apenas aquele que tem ganhos financeiros pelo seu trabalho. Ele é também a representação vitoriosa de marcas e produtos que querem estar vinculados à vitória, à conquista de resultados. Para Guttmann (1976) o profissional deve ser definido como aquele que recebe uma compensação pecuniária pelo que faz por ter sua vida direcionada para a prática do esporte. Por muito tempo a especialização (codinome da profissionalização) foi o resultado das tensões geradas pela necessidade de disfarçar a condição amadora sob forma de ganhos secundários como bolsas de estudos, apoio governamental e generosidade patronal ao invés de salário.

Na transformação da prática da condição amadora para a profissional, não foram apenas os valores nobres e aristocráticos que se perderam. A criação de uma nova ordem olímpica indicava que o mundo do século XX havia passado por grandes e profundas mudanças de ordem prática e moral.

Considerações finais

O esporte contemporâneo, bem como o Movimento Olímpico, deve ser entendido dentro da dinâmica social dos séculos XX e XXI. Isso porque tem-se visto uma ruptura da estrutura do esporte atual com os valores propostos originalmente, o que impede que o Olimpismo de então seja entendido e praticado na atualidade da mesma maneira. Transformado em produto de consumo o esporte, de maneira genérica, e o olímpico, mais especificamente, tiveram que se adequar para satisfazer às exigências de um mercado consumidor ávido por limites e movimento, premido ainda pelo veículo máximo de exposição desses feitos: os diversos meios de comunicação de massa. Não se pode negar que a televisão transformou a audiência do esporte em todo o mundo, e na medida que começou a perder a capacidade de subsistir enquanto espetáculo ao vivo, tornou-se dependente de patrocínios gerados pela abrangência das transmissões televisivas. Essa situação provocou o incremento do profissionalismo no esporte, tanto no que se refere à possessão do espetáculo pela televisão como em relação àquele que protagoniza o espetáculo, o atleta.

É a partir desse momento que os dois elementos fundantes do esporte moderno, o amadorismo e o *fair play* passaram a sofrer seu grande revés. Considerados a base do Olimpismo, esses conceitos foram norteadores do esporte ao longo do século XX, até aproximadamente os anos 70, quando a relação causal dinheiro e desempenho esportivo passaram a compor uma dupla inseparável, levando o esporte a se tornar uma carreira profissional e uma opção de vida.

Embora esse pareça ser o fim de um projeto que mescla idealismo e pragmatismo, em diferentes momentos da história, é certo que tendo sobrevivido a duas grandes Guerras Mundiais e a dois grandes boicotes o esporte olímpico segue seu caminho, ainda que ele se bifurque em muitas encruzilhadas.

Referências Bibliográficas

ABREU, N. G. Bases multiculturais do Olimpismo. In: O. Tavares & L. P. DaCosta (eds) **Estudos Olímpicos.** Rio de Janeiro: Editora Gama Filho, 1999.

BASTOS, J. P. **Desporto profissional.** Lisboa: MEC/Desporto, 1987.

BETTI, M. **Educação física e sociedade.** São Paulo: Movimento, 1991.

BROHM, J. M. Las funciones ideológicas del deporte capitalista. In.: **Materiales de Sociologia del Deporte**. Madrid: Las Ediciones de La Piqueta, 1993.

CARDOSO, M. **O arquivo das Olimpíadas.** São Paulo: Panda Books, 2000.

CARTA OLÍMPICA. Lausanne: Comitê Olímpico Internacional, 2001.

DaCOSTA, L. P. O Olimpismo e o equilíbrio do homem. In: O. Tavares & L. P. DaCosta (eds) **Estudos Olímpicos.** Rio de Janeiro: Editora Gama Filho, 1999.

DUNNING, E.; SHEARD, K. The bifurcation of Rugby Union and Rugby League. **International Rapport of Sport Sociology.** 11, n. 2, 54, 1976.

GOMES, M.; TAVARES, O. A contribuição da Academia Olímpica Internacional para a discussão e difusão do Olimpismo. In: O. Tavares & L. P. DaCosta (eds) **Estudos Olímpicos.** Rio de Janeiro: Editora Gama Filho, 1999.

GONZÁLEZ, J. I. B. Introducción. In.: **Materiales de Sociología del deporte.** Madrid: Las ediciones de La Piqueta, 1993.

GRUPE, O. The sport culture and the sportization of culture: identity, legitimacy, sense and nonsense of modern sports as a cultural phenomenon. In: F. Landry et alii (eds) **Sport... the third millennium.** Quebec: Les Presses de l'Université Laval, 1992.

GUTTMANN, A. **History of the modern games.** Illinois: University of Illinois, 1992.

GUTTMANN, A. **From ritual to record.** New York: Columbia University Press, 1978.

LASCH, C. **A cultura do narcisismo. A vida americana numa era de esperanças em declínio.** Rio de Janeiro: Imago, 1983.

LENK, H. Toward a social philosophy of the Olympics: values, aims and reality of the modern Olympic Movement. In: P. J. Graham & H. Ueberhorst (eds) **The modern Olympics.** West Point: Leisure Press, 1976.

LÓPEZ, A. A. **La aventura olímpica.** Madrid: Campamones, 1992.

MacALOON, J. J. **This great symbol.** Chicago: The University of Chicago Press, 1984.

MANDELL, R. D. **Historia cultural del deporte.** Barcelona: Ediciones Bellaterra, 1986.

MANGAN, J. A. **The games ethic and imperialism.** New York/Middlesex: Viking Penguin, 1986.

MARIVOET, S. **Aspectos sociológicos do desporto.** Lisboa: Livros Horizonte, 1998.

MORIN, E. **Cultura de massas no século XX.** Rio de Janeiro: Forense Universitária,1997.

RUBIO, K. **Medalhistas Olímpicos Brasileiros: memórias, história e imaginário.** São Paulo: Casa do Psicólogo, 2006.

RUBIO, K. Origens e evolução da psicologia do esporte no Brasil. **Biblio 3W. Revista Bibliográfica de Geografía Y Ciencias Sociales**, Vol. VII, nº 373, 2002.a.

RUBIO, K. O trabalho do atleta e a produção do espetáculo esportivo. **Scripta Nova. Revista Electrónica de Geografia y Ciências Sociales.** Vol. VI, n. 119 (95), 2002.b.

SALLES, J. G. C.; SOARES, A. J. Evolução da concepção do amadorismo no Movimento Olímpico Internacional: uma aproximação conceitual. In.: M. TURINI e L. DaCOSTA (orgs) **Coletânea de textos em estudos olímpicos.** Rio de Janeiro: Editora Gama Filho, 2002.

SAGRAVE, J. O. Toward a definition of Olympism. In: (J. O. SAGRAVE & D. B. CHU, eds.) **The Olympic Games in transition.** Champaign: Human Kinetics, 1988.

SILVA, M. L. S.; RUBIO, K. Superação no esporte: limites individuais ou sociais? **Revista Portuguesa de Ciências do Desporto.** Vol. 3, n. 3, 69-76, 2003.

SIMONS, V.; JENNINGS, A. **Los señores de los anillos.** Barcelona: Ediciones Transparência, 1992.

TAVARES, O. **Esporte, movimento olímpico e democracia: o atleta como mediador.** Tese de doutorado. Programa de Pós-graduação em Educação Física. Universidade Gama Filho. Rio de Janeiro, 2003.

TAVARES, O. A. Referenciais teóricos para o conceito de Olimpismo. In: O. Tavares & L. P. DaCosta (eds) **Estudos Olímpicos.** Rio de Janeiro: Editora Gama Filho, 1999.a.

TAVARES, O. Algumas reflexões para uma rediscussão do *fair-play*. In: O. Tavares & L. P. DaCosta (eds) **Estudos Olímpicos.** Rio de Janeiro: Editora Gama Filho, 1999. b.

TAVARES, O. & DaCOSTA, L. P. (eds) Introdução. In: O. Tavares & L. P. DaCosta (eds) **Estudos Olímpicos.** Rio de Janeiro: Editora Gama Filho, 1999.

THOMAS, R.; HAUMONT, A.; LEVET, J. L. **Sociologia del Deporte**. Bellaterra: Ediciones Bellaterra, 1988.

ULMANN, J. **De la gymnastique aux sports modernes – Histoire des doutrines de l'education physique.** Paris: Vrin, 1982.

VALENTE, E. F. Notas para uma crítica do Olimpismo. In: O. Tavares & L. P. DaCosta (eds) **Estudos Olímpicos.** Rio de Janeiro: Editora Gama Filho, 1999.

Contribuições do Judô à Educação Olímpica e Responsabilidade Social

GILMAR BARBOSA DE SOUZA - FABIO CARDIAS - EMERSON FRANCHINI

Introdução

O objetivo deste texto é relacionar de maneira geral como o judô, da forma como foi proposto por seu fundador, contribui à educação olímpica e à responsabilidade social, buscando relações quanto à possibilidade do seu uso para a educação, principalmente de crianças e jovens.

O judô foi elaborado por Jigoro Kano (1860-1936) tendo como marco inicial a criação do Instituto *Kodokan*, em 1882, como conseqüência de estudos e da fusão entre formas de *jujutsu* associado a princípios pedagógicos. Na estruturação do judô foram preservadas as técnicas mais efetivas e menos lesivas, além do suporte ao caráter educacional que ele pretendia.

Segundo a proposta de Kano (1994, 2006) é possível alcançarmos o bem estar mútuo, na plenitude da vida pessoal e social, seguindo e desenvolvendo o princípio da melhor utilização da energia e espiritual. Assim, o judô busca três finalidades: o desenvolvimento físico, o desafio intelectual e o treinamento moral, simultaneamente. Para tanto, ele desenvolveu metodologias para o aperfeiçoamento de sua proposta.

A proposta dele reunia símbolos que representavam as tradições e a cultura oriental. Assim, o próprio judô se tornou um símbolo de seu ideal e dele próprio. Porém, muitas vezes se descreve a imagem de Jigoro Kano como simples criador do judô. Isso vem ocorrendo, segundo Oimatsu (1984), em decorrência das mudanças que a modalidade vem sofrendo ao longo dos tempos em seus valores, como a competição exacerbada e a especialização de técnicas em detrimento da busca do autoconhecimento e do conhecimento mais amplo da modalidade. Para Maekawa (1978), ele foi um representante internacional de um ideal que contribuiu para o desenvolvimento do esporte e da educação no Japão e no mundo, justamente por meio do Comitê Olímpico Internacional.

Jigoro Kano e o Barão Pierre de Coubertin foram contemporâneos e tiveram muitas semelhanças em suas carreiras (Carr, 1993). Kano recebeu forte influência da educação européia. Em 1873, aos 14 anos, estudou em *Ikuei Giguku*, uma escola onde cada disciplina era ensinada por professores europeus, sendo o idioma das lições o inglês e alemão (Kano, 1994).

Os conhecimentos de Kano foram fundamentais para que as artes marciais acompanhassem esse ritmo social, interpretando, restaurando, valorizando e incorporando signos tradicionais locais. Elaborou o judô e difundiu princípios convenientes à sociedade da época como *seiryoko zen'yo* (melhor uso da energia) e *jita kyoei* (benefícios mútuos), descritos adiante. Tais princípios possibilitaram que o judô se aproximasse da educação olímpica, que busca uma formação ética e moral em torno da prática física como complemento à educação do indivíduo (Kano, 1994).

Este trabalho apresenta algumas reflexões a partir dos documentos originais escritos por Jigoro Kano: *"Kodokan Judo"*, envolvendo as teorias e técnicas propostas por Kano, organizado e editado por alunos formados e seguidores e publicado em 1956; escritos de Kano reunidos em livro intitulado *"Mind Over Muscle"*, que foi compilado por Naoki Murata, curador do Museu do Instituto Kodokan de Tóquio, apenas em 2006[1].

Contextualizando as origens do Judô

As lutas (ou combates corporais) estão entre as formas de manifestações corporais mais antigas que existem. Elas surgiram pelo instinto de defesa e sobrevivência do homem, que se viu obrigado a aprender a correr, a nadar, a lutar com feras e combater corpo a corpo o inimigo. Assim, a necessidade impôs a prática, que levou ao aprimoramento das técnicas, culminando numa atividade

---

[1] Motivado pela dificuldade dos ocidentais em entender os significados dos termos usados a partir do japonês, Kano apresentou e escreveu em outras línguas, pois falava fluentemente inglês. Desde seus nove anos, mostrou-se um ótimo aprendiz de línguas, inclusive, muitos de seus registros sobre suas descobertas de novas técnicas foram feitos em outros idiomas como forma de permanecer em segredo (International Judo Federation).

de entretenimento entre os povos primitivos. Documentos arqueológicos demonstram a prática desde 4.000 anos a.c. Trata-se de desenhos em papiro na Antiguidade com soldados egípcios, sumérios, acádios, romanos e os gregos, ou mesmo antes disso em sítios arqueológicos com pinturas rupestres (Fabre, 1997; Franchini, 2006). Rubio (2006) descreve que, para os gregos, as lutas eram modalidades nobres na formação do jovem e constavam da programação dos Jogos Olímpicos da Antigüidade. O pancrácio (do grego *pan* – toda; *cratos* - força) era uma espécie de combate em que todos os recursos da força eram permitidos para a derrota do adversário. As lutas são modalidades clássicas e olímpicas por excelência. Além do pancrácio, o pugilato (que originou o boxe), a luta e o pentatlo (última prova) constavam da programação olímpica da Antiguidade.

Segundo Felice (1997) as lutas são, atualmente, muito praticadas nos países onde a atividade esportiva constitui fator de relevância para a formação e educação da juventude. Nesses países, sua prática é freqüentemente incluída nos programas escolares de educação física.

As lutas com ou sem armas foram denominadas como artes marciais, pois em Roma eram creditadas às revelações do deus guerreiro Marte, Ares na mitologia grega. Embora nem todas as lutas tiveram origem destinada à guerra, "artes marciais" é um termo para abrigar diversas formas de luta (Cardias, 2003).

As raízes do judô estão situadas no *jujutsu*, uma arte marcial praticada pelos samurais da época feudal no Japão. O *jujutsu*, juntamente com a esgrima, arco e flecha e a luta com lanças, formava parte fundamental do treinamento dos guerreiros. Também chamado de *taijutsu* e de *yawara* era um sistema de ataque corpo a corpo que incluía chaves articulares, estrangulamentos, imobilizações, chutes, punhaladas e cortes perfurantes, além de defesas contra estes ataques, assim como os espetaculares arremessos que são a parte mais evidente do judô contemporâneo. O combate poderia ser fatal, embora os oponentes lutassem em geral desarmados. Apesar de sua agressividade, o *jujutsu* destacava o equilíbrio e a adaptabilidade mais do que a força bruta (Yoffie & Kwak, 2002; Kano, 1994b).

As palavras *jujutsu* e judô são escritos com dois caracteres chineses. O *ju* em ambos é o mesmo e significa "suavidade[2]" ou "condução". O significado do *jutsu* é "arte ou prática". O *jujutsu* pode ser traduzido como "a arte delicada" direcionada, essencialmente, para o alcance da vitória (Kano, 1994b).

Os primeiros registros do *jujutsu* encontram-se no compilado do comando imperial japonês (Shikara Kurabe), juntamente com o sumo, porém, com o nome de *yawara*. A partir daí sabe-se que várias escolas foram fundadas com diferentes nomes, sempre de acordo com seus criadores. Mais tarde, com o desenvolvimento da classe guerreira a partir do período feudal, o *jujutsu* ganhou importância, principalmente nos períodos de Kamakura (1185-1336) e de Muromachi (1336-1573) (Sugai, 2000). Até a última metade do século XVI o *jujutsu* não era praticado e ensinado sistematicamente, embora suas técnicas fossem conhecidas desde tempos anteriores. Durante o período Edo (1603-1868) (regido pela família Tokugawa) tornou-se uma arte complexa ensinada pelos mestres de certas escolas. Naquele tempo, eles apresentavam sua arte como uma coleção das técnicas, sem seguirem algum princípio (Kano, 1994a). Em 1871, um decreto proibiu o uso de armas por civis, propiciando o desenvolvimento de métodos de combate corporal.

A era Meiji (1867–1911) significou um período de renovação da cultura japonesa, marcada pela abertura dos portos em 1865. Estimulado pelo mercado internacional, baseado na economia norte-americana e pelas maravilhas das técnicas e da Revolução Industrial, o governo determinou a extinção de símbolos que indicassem períodos anteriores, considerados ultrapassados, introduzindo as instituições e os pensamentos ocidentais para modernização do Japão no final do século XIX (Yamashiro, 1977).

O judô foi criado no mesmo período em que as transformações sociais e políticas do mundo eclodiam no Japão, apontando para sua relação com as mudanças na dinâmica social. A modalidade era um produto tipicamente oriental, principalmente no período de internacionalização do Japão, servindo como signo deste país.

---

[2] Traduzido por Jigoro Kano como *"gentleness"* ou *"giving way"*.

A vida de Jigoro Kano

A fim de saber mais sobre o judô, é importante conhecer a vida de Jigoro Kano. Conseqüentemente, o estudo do pensamento do judô de Jigoro Kano não é meramente um estudo do pensamento do judô, mas um estudo de parte do pensamento que teve profunda influência na educação japonesa e na educação física (Maekawa, 1978).

Jigoro Kano nasceu a 28 de Outubro de 1860. Foi o terceiro rapaz de uma família de três meninos e duas meninas. Sua mãe era a filha mais velha de um rico fabricante de *sake*. O pai de Kano, um alto oficial do governo *shogun*[3] na década de 1860, herdou os negócios da família passando a usar o sobrenome da esposa, Kano. Nessa condição contribuiu para a modernização do Japão na abertura dos portos do litoral oeste ao estilo ocidental e ao comércio estrangeiro. As mesmas qualidades seriam encontradas mais tarde em Jigoro Kano, provavelmente influenciado pelo espírito empreendedor de seu pai (International Judo Federation).

Em 1869, com a morte da mãe, Kano foi enviado por seu pai para um colégio particular, em Tóquio. Em 1873, já reconhecido como um excelente estudante, transferiu-se para um colégio onde cada disciplina era ensinada por professores europeus, sendo o inglês ou o alemão os idiomas das lições. Lá, era freqüentemente agredido pelos colegas mais velhos e mesmo pelos seus companheiros de quarto. No ano seguinte entrou na escola de línguas estrangeiras de Tóquio e, em 1875, inscreveu-se em *Kaisei*, uma escola reservada à elite, que mais tarde seria nomeada Universidade Imperial de Tóquio, onde a tradição de agredir e espancar os novos estudantes também era comum (Watson, 2000). Foi lá que Kano ouviu de um antigo membro da guarda pessoal *shogun* que o *jujutsu* era um excelente método de treinamento físico, porém ultrapassado e completamente inadequado para um jovem como ele. Seu interesse pelo treinamento físico não era, inicialmente, direcionado à criação do judô, mas sim à melhoria de sua

---

[3] Segundo Sugai (2000) Shogun é a abreviação de Seii-Taisogun, quer dizer "generalíssimo". Em 1192 Yoritomo Minamoto assumiu o poder político e militar do Japão. Durante a maior parte do tempo esse tipo de governo se repetiu até 1868 com o início da era Meiji. Naquela época, surgiu uma nova classe social, a do Samurai (guerreiro – que não se pode precisar quando surgiu) e com ela o estilo de vida baseado no Bushido (caminho do guerreiro).

saúde e para fortalecimento físico. A partir de então, passou a buscar mestres que lhe ensinassem o *jujutsu*. A Universidade de Tóquio viabilizou este intuito, pois as pessoas mais importantes de todo o Japão passavam por lá (Maekawa, 1978).[4]

Kano estava firmemente decidido a aprender o *jujutsu* e, assim, em 1877 – por volta dos 17 anos, encontrou o pequeno *dojo* do mestre Hachinosuke Fukuda, da linha *Shin-ryo* de *jujutsu*. Apesar da sua fraqueza física, rapidamente se revelou um bom estudante de *jujutsu*

Jigoro Kano estudou junto aos grandes mestres as formas do *jujutsu* conhecidas como o *shinyo-ryu* e o *kito-ryu* e pôde compreender a essência de suas misteriosas naturezas. Sentiu que estas formas de *jujutsu* tinham algo de valor para a educação contemporânea dos jovens. Também encontrou finalidades da educação física, da autodefesa e do treinamento moral, ao mesmo tempo em que melhoravam os fundamentos do *jujutsu*.

Com a morte de seu primeiro mestre, Kano foi nomeado pela família como o responsável do *dojo*. Ciente da sua inexperiência procurou um novo mestre e posteriormente outro, de diferentes linhas de *jujutsu*. Em fevereiro de 1882, com o consentimento de seu mestre, Jigoro Kano, aos 22 anos, levou consigo nove dos seus mais próximos estudantes do *dojo*. O marco inicial do surgimento do judô é a criação do *Kodokan* nesse mês, quando Kano tinha 22 anos de. O *Kodokan* é, literalmente, "a escola para estudar o caminho". (Kano, 1994b).

Suas preocupações com a educação, disciplina e adequação de oportunidades são exemplificadas em 1885, aos 25 anos, quando alcançou o cargo de Diretor do Colégio de Gakushuin. Segundo Watson (2000), ali impôs uma disciplina estrita permitindo que os estudantes fossem para casa somente nos fins de semana, obrigando-os a executar tarefas menores e ensinando-lhes a humildade. Propôs também um ato revolucionário, para a época, ao abrir as portas da escola aos "comuns".

Na seqüência, surgiu uma rivalidade entre os seguidores do *jujutsu* tradicional e os adeptos do judô. Porém, em curto período de tempo, a

---

[4] Os detalhes adicionais a respeito de Kano, neste período, são descritos em Kodokan, Jigoro Kano (1994 p. 31-48)

superioridade do judô se tornaria evidente, especialmente após o Torneio de Artes Marciais de 1886, no qual em 15 encontros com escolas de *jujutsu*, o judô *Kodokan* venceu 12, perdeu dois e empatou um. Em 1926, o judô substitui o *jujutsu* como disciplina oficial do programa de educação física das escolas japonesas (Watson, 2000).

A elaboração do Judô

A essência do judô está contida no próprio nome. O significado e a origem da palavra judô é diferente de muitas interpretações feitas no Brasil, divulgadas amplamente como "caminho suave". Como descrito anteriormente, para Kano (1994b) tanto o judô como o *jujutsu* são escritos com dois caracteres chineses. O *ju* em ambos é o mesmo e significa "suavidade[5]" ou "condução" e *dô* significa "princípio ou caminho", caminho é o conceito da própria existência dele. Portanto, o judô pode ser traduzido como "o caminho da suavidade"[6].

Estas interpretações podem causar modificações no significado da prática do judô, pois Kano segue descrevendo que o judô é mais do que uma arte do ataque e da defesa é uma maneira de vida. As implicações desta interpretação para um aprendiz merecem maiores discussões.

Por possuir princípios diferentes, o judô não poderia ser confundido com o *jujutsu*. Apesar de algumas semelhanças com a atualidade, Oimatsu (1984) descreve que o termo judô foi escolhido em vez do termo generalista *jujutsu* devido às seguintes razões:

1 - o *jujutsu* era perigoso, pois incluía as técnicas de estrangulamento, preensão e torções de articulações,

2 - o *jujutsu* perdeu seu valor como uma arte desde que passou a ser ensinado por pessoas desqualificadas,

3 - o *jujutsu* foi pensado como algo vulgar por causa das taxas cobradas para aprendê-lo e também das pessoas que se divertiam exibindo-o.

Para esclarecer melhor, Kano (1994) explicou que o judô significa antes ceder para depois conquistar a vitória. Ele freqüentemente ilustrava esse princípio com o seguinte exemplo:

---

[5] Traduzido por Jigoro Kano como "*gentleness*" ou "*giving way*".
[6] Traduzido por Jigoro Kano como "*the Way of gentleness*".

Considere que um homem parado à minha frente tenha uma força de dez unidades, e que minha própria força seja de sete unidades. Se ele me empurrar o mais forte que consegue, com certeza serei empurrado para trás ou derrubado, mesmo que eu resista com toda força. Mas se, em vez de me opor a ele, eu abrir caminho na extensão que ele empurrou, desviando o corpo e mantendo o equilíbrio, meu oponente perderá o equilíbrio. Enfraquecido por essa posição instável, será impossível ele usar toda sua força, que terá caído para trás em três unidades. Como mantive o equilíbrio, minha força permanece nas sete unidades. Agora que sou mais forte que meu adversário e posso derrotá-lo usando apenas metade de minha força.(p. 16,17)

Tão ou mais importante do que compreender como submeter um adversário a essa situação é entender como este princípio físico, baseado numa técnica de defesa pessoal, pode ser interpretado para o desenvolvimento intelectual e moral.

Em síntese, para ele, o método se baseia em que todo tipo de energia deve ser utilizado da melhor forma (*seiryoku zen'yo*), objetivando-se o bem estar e o benefício mútuos (*jita kyoei*) e a prática regular e persistente auxilia na compreensão desta teoria. Adiante este princípio será mais amplamente discutido.

OS TRÊS NÍVEIS DO JUDÔ

Kano estabeleceu que o judô tem três níveis ou aspectos a serem alcançados e superados, sendo eles; marciais, do cultivo intelectual/ mental e moral pessoal e, da energia pessoal em prol da sociedade. Abaixo uma breve descrição sobre cada um desses três aspectos sugeridos inicialmente, mas atualmente esquecidos e mesmo desconhecido pelos praticantes.

Nível inferior - O nível chamado inferior, básico ou fundamental, está relacionado com o puro aspecto de defesa pessoal do judô. Mas, em que pese ter nascido como arte marcial, o propósito do judô foi ampliado por Kano para além do treinamento de defesa e contra ataque praticado nos tatames.

Quando se divide o judô em três níveis, nota-se que ele não pode limitar-se ao treinamento para a luta (Kano, 2006). As preocupações futuras de Kano foram pensar nos avanços dos aspectos marciais do judô. Entretanto, ele reflete sobre a integração do judô com outros caminhos marciais como *kendo* e *naginata* ou mesmo estilos ocidentais como boxe e *savate* francês. Também relembra a importância do treinamento com armas como defesa pessoal, inclusive contra elas mesmas, e se possível a partir da infância, desde que adequadas às suas condições, isto é, deveriam ser usadas espadas de borracha, infláveis ou de pano, ao invés do bambu, por questões de segurança.

Quando este nível passa a ser a maestria e rotina de um judoca, ele deve avançar para o segundo nível, ou o nível intermediário, onde se cuida do cultivo do físico e da mente.

Nível intermediário - Superados os aspectos educacionais e físicos, inicia-se o segundo nível do judô. Neste nível o judoca tratará de cultivar não só o físico, mas o mental-psíquico, demonstrando assim a indissociação dos aspectos psicofísicos. Aqui há a preocupação com a expansão da consciência e dos princípios de *seiryoku zen'yo* para além do *dojo*.

Os aspectos intelectuais, a educação moral e as questões do pessoal na vida diária, vistos acima, são integrados ao treinamento do indivíduo, e aí temos a aplicação psicológica dos princípios do judô como caminho de vida. Já aqui, o conceito de *Dô* pode ser utilizado, mas ainda não em toda sua integridade. O verdadeiro *Dô* do judô será concretizado, segundo Kano, quando a maestria alcançada nos níveis um e dois estiverem a serviço da humanidade (Kano, 2006).

Nível superior - O bom uso da energia cultivada no marcial e no psicofísico em sociedade é o grande mérito que Kano atribui ao judô, ao tê-lo criado e desenvolvido até sua morte. Sua vida dedicada à promoção do esporte e ao judô se justifica por ele acreditar no aprimoramento da humanidade. Sua crítica parcial ao esporte de competição e sua relutância em não aceitar o judô meramente como esportivo justificam-se na sua crença oriental de que uma prática pode vir a tornar-se um caminho de vida, e o princípio do caminho que ele adotou foi *seiryoku zen'yo*.

Este princípio asiático expressava o resumo de tudo que Kano vislumbrou de melhor na sua ameaçada cultura, no seu orgulho japonês, em que pese as pressões de modernização de base ocidental impostos pela Restauração Meiji. O Japão ainda tinha algo a oferecer ao mundo. Kano ofereceu o judô, e como afirmou, judô é *seiryoku zen'yo*, e este princípio confuciano/menciano[7] está a serviço da promoção do espírito nacional japonês, que serve à humanidade como um todo, vindo ainda de encontro às idéias da educação olímpica como responsabilidade social. Isso levou Kano (2006, p.77) afirmar que:

> *seiryoku zen'yo é o que é o judô atual ...judô não é uma mera arte marcial, mas o princípio básico do comportamento humano.....é errado assumir que o judô acaba no dojo...judô não é o que muita gente acredita ser...judô é mais que uma luta praticada no dojo...o significado básico de judô é um tanto diferente do que se acredita, e é universal e profundo...*

Kano foi antes e acima de tudo um educador, com interesses políticos e diplomáticos, e até onde se propôs a pensar e modernizar o antigo *jujutsu*, como resposta às exigências de modernização do Japão, ele conseguiu dar estruturação e sistematização a um princípio básico para desenvolver o seu sistema marcial, o judô.

O princípio adotado foi claramente o *seiryoku zen'yo* e a sistematização deste e sua aplicação está relacionado com as dimensões física, pessoal e social, sendo esta última a meta final e ideal de alcance de qualquer judoca, seja o atleta olímpico, o amador entusiasta, o simples praticante ou o ser humano de maneira ampla. Se o judô vem a colaborar com a educação olímpica o resgate, a restituição e a associação destes valores merecem toda a atenção e estudo.

MÉTODOS DE INSTRUÇÃO

Oimatsu (1984) apresentou o método de instrução do judô exposto por Kano para se desenvolver simultaneamente o físico, o intelectual e o moral sugerindo quatro itens: randori (prática livre); *kata* (formas); mondo (perguntas e respostas); e *kogi* (leituras).

---

[7] Mengzi ou Meng-tzu. (371 - 289 a. C.) foi seguidor de Confúcio, aprofundou-se das questões morais e sociais. Tentou convencer os governantes a levar em consideração os direitos dos governados. http//www.dec.ufcg.edu.br/biografias/Mencio00.html

Para Kano (1994), os dois primeiros são tratados como aspectos do treinamento do judô, desenvolvendo o corpo e treinando as formas de ataque e defesa.

Randori - O *randori* significa prática livre e tem por objetivo o desenvolvimento físico e mental por meio da exploração das técnicas. A principal condição no *randori* é que os participantes tomem cuidado em não ferir um ao outro e que eles sigam a etiqueta do judô (Kano, 1994). Porém, motivados pelo processo de "esportivização", atualmente a maior parte dos locais onde o judô é ensinado o *randori* é apenas utilizado como método de treinamento ou é dada exagerada ênfase com outra característica e objetivo: a submissão do adversário, a vitória, a competição.

Kata - O *kata* é entendido como um padrão de seqüências de técnicas, até hoje muito utilizado por diversas artes marciais. Recentemente, tem sido utilizado para promoção de faixas pretas, principalmente. A hierarquia representada por faixas com cores distintas foi uma proposta de Kano que também serviu como uma representação da tradição hierárquica nipônica, bastante desenvolvida nas artes marciais. Kano resgatou o uso de faixas, posteriormente adotadas por outras modalidades, facilitando o agrupamento dos praticantes de acordo com o nível de habilidade. Na época apenas se distinguiam faixas brancas e pretas.

Mondo - O *mondo* (pergunta e resposta) teria perguntas relacionadas diretamente à técnica, à etiqueta no *dojo* e atitude prática e à vida social.

Kogi - O *Kogi* (leituras) inclui aulas de uma longa duração com a finalidade do judô ser mais profundamente compreendido, tratando da técnica e das lições da prática. A relação das leituras envolve a história do desenvolvimento do judô, dos fundamentos, do valor do treinamento, do esporte em seu aspecto científico, das teorias da educação física e dos outros tópicos. Isto é feito logicamente e sistematicamente sobre um período longo, enquanto a teoria lógica e sistemática compreendida deve ser feita dentro de um tempo curto. Ao selecionar o material da leitura deve-se ter os seguintes cuidados: que ele esteja ajustado de acordo com o nível do desenvolvimento dos aprendizes e de seus estilos de vida, e que ele seja significativo à compreensão dos aprendizes e aos sentimentos.

Apesar dos recursos materiais do começo do século XX serem limitados, Kano previu a utilização de diferentes meios para a compreensão dos princípios do judô, como para a aprendizagem de técnicas. Estes procedimentos, apesar de propostos há bastante tempo, podem se enquadrar como importantes instrumentos de avaliação. A avaliação da aprendizagem é, além de um fundamento pedagógico, uma referência para a motivação dos praticantes.

Hoje é cada vez mais freqüente a utilização de graus (*dan*) nas faixas coloridas, determinadas por professores, instituições ou federações. Porém, não há ainda uma padronização para a existência delas, diferentemente das outras características do judô, ou mesmo algum padrão para essa atribuição. Isto pode levar a uma avaliação subjetiva por parte do professor.

Atualmente, os professores têm utilizado as faixas como controle de avaliação, sendo algumas vezes, a principal motivação dos alunos, pois o sistema de competições é incapaz de envolver todos os praticantes - isso se deve a diversos fatores, como por exemplo, a dificuldade em agrupá-los. Pode-se interpretar que a prática por si só, gerenciada pelo professor, deveria ser a principal motivação do praticante.

Proposta Seiryoku Zen'yo

Jigoro Kano afirmou que o judô tem como essência o *seiryoku zen'yo*[8], que seria, segundo ele próprio, o princípio básico de todo o judô. A promoção desta essência é ainda uma resposta à época de ocidentalização dos valores sociais japoneses, que estavam ameaçados por uma lógica cultural européia.

Seiryoku zen'yo é uma idéia da cultura japonesa, utilizada por Kano, como princípio geral da sua arte, aplicada por ele na experiência física das técnicas da luta e defesa pessoal. Este princípio substituiu e ampliou a teoria japonesa de *ju yoku go o seisu*[9], insuficiente para explicar o judô. Mas, o princípio de *seiryoku zen'yo* foi explorado e extensamente divulgado por Kano para envolver os planos físico,

---

[8] Máxima eficiência, uma abreviação do termo japonês *seiryoku saizen katsuyo* (melhor uso da energia pessoal em diversos aspectos da vida). Esse princípio tem origem confuciana e/ou menciana.
[9] Suavidade controla a dureza.

psíquico-pessoal e social. Assim, nesta perspectiva e de forma didática, pensou em aplicá-lo no treinamento intelectual, no treinamento da educação moral e no treinamento da arte/caminho marcial do judô. Para Kano (2006), o espírito de *seiryoku zen'yo* é o próprio judô, porém, esse princípio e sua aplicabilidade parecerem diminuir a cada dia. O que justifica o resgate aqui da proposta original. Para tal, se relacionam ao *seiryoku zen'yo*, os seguintes temas: arte marcial, treinamento físico, treinamento intelectual, educação moral, vida diária.

ARTE MARCIAL

Arte marcial moderna é para Kano quase o mesmo que defesa pessoal, pois como afirmou, o judô no plano marcial é defesa contra ataque. Defesa contra ataque é também o princípio do *caratê* e do *aikidô*, formulados originalmente por, respectivamente, Gichin Funakoshi e Morihei Ueshiba. Quando da "esportivização" do *caratê* por Masatoshi Nakayama, e do aikidô por Kenji Tomiki, o ataque para atingir a vitória colocou o princípio de defesa em segundo plano, tal como aconteceu com o judô esportivo.

Kano afirmava que *seiryoku zen'yo* é o judô moderno, ou seja, a força física e mental deve ser pensada de forma eficiente em termos de defesa contra ataque. Aparentemente, a defesa é priorizada antes do ataque porque se subentende que a violência e o apelo de agressão física partiriam do outro. Naquele período o judô era pensado em termos apenas marciais. Após a criação do judô marcial, Kano expandiu o *seiryoku zen'yo* em termos de educação física. Com a educação física incluída junto ao aspecto marcial, Kano apontou que observadores de fora afirmaram que a marcialidade do judô teria perdido em aplicabilidade na defesa pessoal, o que, segundo Kano, não aconteceu. Pelo contrário, com a utilização de *seiryoku zen'yo* no aspecto marcial associado à educação física, o judô contemplaria o aspecto físico com objetivos mais claros e a concentração de energia necessária em alcançar a maestria marcial.

TREINAMENTO FÍSICO

Se o conceito e a praticidade de *seiryoku zen'yo* parecem ter sido bem sucedidos para Kano no aspecto marcial, ele pensou que poderia ser também em outros aspectos, como na educação física, pois com um melhor uso da energia pessoal, com objetivos claros a serem alcançados, o desenvolvimento de um corpo forte e saudável viria a servir melhor a sociedade. Aqui há uma intersecção com o ideal olímpico, que pauta o desenvolvimento harmonioso do ser humano para promover a paz social para preservação da dignidade humana.

O judô seria uma forma adequada adotada como educação física por ter como princípio o *seiryoku zen'yo*, sem ser enfadonho como a ginástica Sueca e Dinamarquesa, como também a Americana, especialmente a forma da luta *wrestling* que observou de perto. Kano vislumbrou em seu princípio uma possibilidade de retomar o espírito nacional japonês através de uma prática física e ampliá-la a outros aspectos da vida humana. Dentre elas ele pensou aplicar ao aspecto mental, como apresentado a seguir.

TREINAMENTO INTELECTUAL

Para Kano, a aplicação de *seiryoku zen'yo* no treinamento intelectual ou mental deveria ser considerada a partir da aquisição de conhecimento-informação e da força mental para o julgamento ao envolver aspectos racionais e emocionais. Mesmo que a aquisição de conhecimento ou informação e o poder de julgamento possam parecer faculdades distintas, ele apontou que era preciso buscar um ponto de conexão entre ambas.

Se no *jujutsu* o interesse era melhorar técnicas de luta na guerra, no judô o treinamento intelectual e mental era priorizado, caracterizando-o como um *Dô*, um caminho de auto-aperfeiçoamento. Kano reconhecia e lamentava que muitos praticantes de judô não se importavam com este aspecto, mas apenas com a prática da técnica (*waza*).

EDUCAÇÃO MORAL

A educação moral para Kano estava relacionada com a aquisição de conhecimento. Aspectos morais deveriam ser cultivados a partir de ganhos intelectuais e crescimento emocional. O valor da força de vontade era apontado pelo fundador do judô como faculdade fundamental na aplicação de *seiryoku zen'yo*, para atingir a meta estabelecida de forma eficiente.

Apenas a moral cultivada de forma intelectual e emocional poderia sustentar melhor os julgamentos morais para o bem e para o mal, nos planos pessoal e social. Assim, *seiryoku zen'yo* devia ser aplicado a qualquer aspecto da vida social e quando se referia a um grupo de pessoas devia-se não somente administrar os conflitos pessoais, mas evitar os confrontos e ajudar o crescimento do outro, vindo de encontro a um princípio olímpico fundamental que é contrário a qualquer tipo de discriminação racial, religiosa, política e de gênero.

A educação moral é a base fundamental para a aplicação social de *seiryoku zen'yo*, pois as virtudes de um podem complementar a do outro. O trabalho em conjunto, típico do pensamento japonês, traria vantagens que o trabalho solitário não pode alcançar. A partir desta aplicação social de *seiryoku zen'yo*, Kano estabeleceu o conceito de *sojo sojou jita kyoei* ou *jita kyoei* (prosperidade mútua entre os pares humanos). *Jita kyoei* e o ideal olímpico de não discriminação se complementam e possibilitam um diálogo intercultural entre Ocidente e Oriente.

VIDA DIÁRIA

Para Kano, o judô é a aplicação de *seiryoku zen'yo* como princípio de suas idéias e da prática do judô além do *dojo*, sendo este princípio o verdadeiro judô, idealizado e desenvolvido por ele.

A doença, a infelicidade e a desarmonia seriam frutos do mau uso da energia pessoal na vida diária. A saúde, a felicidade e os sucessos seriam frutos naturais de uma boa canalização da energia psicofísica e social. Ao final, *seiryoku zen'yo* não difere dos princípios religiosos budistas e cristãos de busca da felicidade na terra, de forma prática, como aponta Kano (2006):

> ...*aqueles que praticam judô e seguem o princípio de seiryoku zen'yo têm sempre um espírito calmo, aproveitam a vida e são produtivos. A mais avançada vida mental pode ser alcançada somente quando as pessoas absorvem ferrenhamente este principio...* (p.86)

Assim, o princípio de *seiryoku zen'yo* é a grande contribuição de Kano à sociedade de sua época e à atual. Ele próprio analisou suas idéias com a proposta de renovação dos Jogos Olímpicos de Pierre de Coubertin, já em 1894. Não só suas idéias se harmonizavam com as idéias do Olimpismo moderno, mas também com os sistemas religiosos como o budismo, o cristianismo, e o confucionismo, apontando todos para o mesmo ideal de aprimoramento da sociedade. Kano pensou que a excelência pessoal exclusivamente não teria sentido, mas que contribuições individuais à sociedade deveriam ser o objetivo mais nobre de cada ser humano, judoca ou não.

O Judô e o Movimento Olímpico Internacional

O Comitê Olímpico Internacional desde o princípio teve como um de seus principais desafios organizar os Jogos Olímpicos e regulamentar as modalidades disputadas, muitas delas recém-criadas e sem um conjunto de regras aceitas em âmbito internacional. Na sua criação, o Comitê Olímpico Internacional foi constituído por representantes de várias nacionalidades indicados pelos próprios participantes do encontro de fundação ocorrido na Sorbonne, em 1894 (Rubio, 2006).

Diferentemente da maioria dos membros integrantes do COI, Coubertin indicou pessoalmente Jogoro Kano, e por extensão o Japão, a fazer parte do Comitê em 1909, durante a 10ª Sessão, sendo o primeiro representante da Ásia (Franchini, 2002; Japan Olympic Committee, 2007). Kano já tinha uma posição política no Japão e no meio acadêmico chegando a exercer o cargo de reitor da Universidade de Educação de Tóquio. Tornou-se o primeiro presidente do Comitê Olímpico Japonês em maio daquele ano (Japan Olympic Committee, 2007).

Kano acompanhou cinco edições dos Jogos Olímpicos (desde 1912, em Estocolmo, até 1936, em Berlim), tendo dado contribuições fundamentais ao desenvolvimento do esporte e do Movimento Olímpico no Japão. Inicialmente, foi o primeiro presidente do Comitê Olímpico Japonês, em 1909, tornando-se membro do Comitê Olímpico Internacional. Em 1911 fundou a Federação Esportiva do Japão (*Japan Amateur Sports Association*) e posteriormente, foi responsável pela candidatura de Tóquio aos Jogos Olímpicos de verão, além de sugerir Sapporo como sede dos Jogos Olímpicos de inverno, ambos em 1940. Porém, um comitê criado especificamente para organizar os dois eventos declinou da candidatura de ambos em 1938[10], influenciado tanto pela guerra contra a China iniciada em 1937, como também pela morte de Kano em 1938.

Em 1921, Kano desistiu de sua posição de chefe da Federação Esportiva do Japão porque ele não concordava com a política de encorajamento de atletas japoneses em participar de competições internacionais[11]. Anos depois, Kano teria dito a Coubertin que o judô era inapropriado para participar dos Jogos Olímpicos porque não era um esporte e sim uma escola para a vida, e que ele embora não fosse contra a competição (especialmente o *randori* – treino livre), ele era contra campeonatos, pois degradava as pessoas ao dar total ênfase à vitória[12], característica própria do *jujutsu* e não preservada por ele. Um de seus pupilos, Kazuzo Kudo, quando questionado se o judô estaria nos próximos Jogos Olímpicos em Tóquio, porém, diz que "se o COI pedisse, o Japão consideraria um convite"[13].

Kano foi um crítico do princípio da busca de resultados no esporte, mas reconheceu, ao postular a sede dos Jogos Olímpicos no Japão, o valor das práticas esportivas, mesmo não querendo que o judô viesse a se tornar mais uma delas. Quanto ao aspecto esportivo Olímpico, Kano (2006) faz a seguinte observação:

A razão pela qual eu trabalhei para a popularização do esporte por mais de vinte anos e meu esforço em trazer os Jogos Olímpicos para o Japão é inteiramente porque eu reconheço seus méritos. Contudo, nesses tempos, quando muitas pessoas estão entusiasmadas com esporte, eu também gostaria de adverti-las dos efeitos adversos dos esportes. Eu também peço que as pessoas mantenham em mente os objetivos da educação física, para desenvolver um corpo bom que seja útil para ele/ela mesmo/ a e para sua vida diária, e estar certo de considerar que o método de treinamento esteja de acordo ou não com o conceito de seiryoku zen'yo.

No dia 4 de maio de 1938, aos 78 anos, menos de um ano após a morte de Coubertin, Jigoro Kano morreu de pneumonia no navio Hikawa Maru, retornando da 38ª Reunião do Comitê Olímpico Internacional realizado no Cairo (Egito). Com o início da Segunda

---

[10]Segundo o Comitê Olímpico Japonês.
[11]Japan Times, September 9, 1922, citado por Svinth, 2001.
[12]Andre Louka e Harry Cook, citado por Svinth, 2001.
[13]Andy Adams, 1970, Jigoro Kano,. Com depoimentos de Kazuzo Kudo, faixa preta, 10º grau, diretor do Kodokan, em seu livro Dynamic Judo. Disponível em http://www.judoinfo.com/kano4.htm

Guerra Mundial o Japão só realizaria os Jogos Olímpicos em 1964, quando o judô foi disputado como demonstração, sendo incluído na programação oficial em 1972, em Munique.

Mesmo com o judô não oficializado como modalidade olímpica, Kano viajou quatorze vezes ao exterior para promovê-lo como meio de educação. O aceite como modalidade olímpica de demonstração em 1964 implicou reafirmar o seu potencial como atividade educativa (Kashiwazaki, 2005).

Atualmente, 187 países participam da Federação Internacional de Judô, número significativo ao considerarmos que 200 países compõem o Comitê Olímpico Internacional e 190 membros a Organização das Nações Unidas. Assim, no universo desportivo, o judô afirma seu potencial de alcance público e em diversas classes sociais (Kashiwazaki, 2005).

Verifica-se que das vinte e oito modalidades olímpicas de verão, sete estão relacionados às artes marciais modernas, incluindo a modalidade de tiro, sendo elas o *wrestling* e a esgrima considerados olímpicos desde 1896, o arco e flecha ocidental desde 1900, o boxe inglês desde 1904, o judô desde 1972 e o *taekwondo* desde 2000. As duas últimas são as únicas modalidades orientais representadas nos Jogos Olímpicos, justamente na categoria lutas (International Olympic Committee, 2006). Considerando que o judô é a modalidade de luta mais antiga dentro do programa olímpico, é compreensível que ele seja a única modalidade de origem japonesa a ser praticada internacionalmente em uma escala apreciável (Carr, 1993).

O judô, quando incluído como modalidade de demonstração em 1964, era disputado em três categorias de peso, apenas para homens. Atualmente são disputadas sete categorias de peso entre os homens e sete entre as mulheres. Entre elas, a disputa ocorre desde 1988, como demonstração, e oficialmente desde 1992. O judô foi a primeira modalidade de luta corpo-a-corpo entre mulheres nos Jogos Olímpicos, abrindo precedentes para a maior participação feminina em outras modalidades de combate (Franchini, 2006).

Tais fatos têm gerado a atenção de países que buscam melhorar seu posicionamento no quadro de medalhas. Diferente das outras modalidades, o judô, além do boxe, possibilita a disputa por duas medalhas de bronze, favorecendo o aumento da quantidade final de medalhas por país. No judô, e posteriormente no *taekwondo*, as mulheres disputam a mesma quantidade de medalhas que os homens, diferente de outras modalidades de combate presente nos Jogos Olímpicos (Franchini, 2006). Exemplo disso, nos Jogos Olímpicos em Sydney (2000), 44% das medalhas japonesas foram conquistadas nas disputas do judô.

Considerações finais

O judô tem atingido grande repercussão nacional e internacionalmente, porém, as formas como ele tem sido transmitido e praticado muitas vezes diferem da proposta e dos interesses originais propostos por Jigoro Kano. Segundo seu pensamento, o judô deveria ser uma prática adaptada para que os jovens pudessem fazer seu uso sem as restrições que ele teve que superar quando lutou *jujutsu* e que *mesmo uma pessoa fisicamente inferior poderia, conhecendo o jujutsu, superar um oponente fisicamente superior* (Kano, 1994 p.32).

Kano demonstrou preocupar-se sempre com o futuro da modalidade e com a educação. A vulgarização da prática do judô, ou ainda, alguns fatos que podemos considerar antiquados ou ultrapassados ocorrem ainda freqüentemente. Entendemos, como na origem, que a prática deve servir ao praticante, e não o contrário, como se nota na atualidade. As razões para o desenvolvimento daquilo que o judô é foram sua história e a necessidade da sociedade na qual ele se desenvolveu com todas as especificidades da época. A partir daí, se pode fazer relação com as necessidades da sociedade contemporânea.

Pierre de Coubertin preocupou-se em contribuir com a difusão dos ideais olímpicos, assim como o professor Jigoro Kano preocupou-se em cooperar com a educação das gerações futuras, reformulando as lutas japonesas clássicas por meio da elaboração do judô. Para tanto baseou-se nos princípios que pensou serem universais: "melhor uso da energia" e "auxílio e prosperidade mútuos" – princípios que vão desde o combate corporal, ou ao desenvolvimento pessoal, até o desenvolvimento da sociedade.

Referências Bibliográficas

ADAMS, A. *Jigoro Kano*, In: **History**. Disponível em http://www.judoinfo.com/kano4.htm, acesso em 10 de fevereiro de 2007.

CARDIAS, F. Psicologia das artes marciais e esportes de combate. In: Rubio, K. (org.). **Psicologia do Esporte Aplicada**. Casa do Psicólogo, São Paulo, 2003.

CARR, K. G. *Making 'way': war, philosophy and sport in japanese judo*. **Journal of Sport History**, v. 20, n. 2, p. 167-188, 1993.

FABRE, L. C. *Boxe*. **Esporte e jornalismo**, Tambucci, P. L.et al. (org.). São Paulo: CEPEUSP, 1997.

FRANCHINI, E. *As modalidades de combate nos Jogos Olímpicos modernos*. In: **Seminars Spain-Brazil The Olympic values as a research object in the area of education and culture in Spain and Brazil**. MORAGAS, M., DACOSTA, L. Centre d'Estudis Olímpics UAB, Editora Gama Filho, Spain-Brazil, 2006, p. 716-724.

FRANCHINI, E.; DaCOSTA, L. P. *Fundamentos do judô aplicados à educação olímpica e ao desenvolvimento do Fair Play*. In: Turini, M; DaCosta, L. P. **Coletânea de textos em estudos olímpicos**. Rio de Janeiro: Editora Gama Filho, 2002, p.355-372.

INTERNATIONAL JUDO FEDERATION. *Kano and begining of the judo moviment*, In: **Judo Corner**. Disponível em http://www.ijf.org/corner/corner_begin.php, acessado em 10 de fevereiro de 2007.

INTERNATIONAL OLYMPIC COMMITTEE. Disponível em http://www.ioc.org, acesso em 20 de setembro de 2006.

JAPAN OLYMPIC COMMITTEE. **History**. Disponível em http://www.joc.jp/english/history , acesso em 10 de fevereiro de 2007.

KANO, J. *Jujutsu Becomes Judo*. In: **Kodokan Judo**. Kodansha International, Tokyo, 1994a.

KANO, J. **Kodokan Judo**. Kodansha International, Tokyo, 1994b.

KANO, J. **Mind over muscle: writings from the fouder of judo**. In: MURATA, N. (org). Kodansha, Tokyo, 2006.

KASHIWAZAKI, K. *Judo*. **International Seminar of Budo Culture**, International Budo University, Katsuura, Japão, 2005.

MAEKAWA, M. *Jigoro Kano's thoughts on judo*. **Bulletin of the Association for the Scientific Studies on Judô**. Kodokan, Report V, Tokyo, p. 1-6, 1978.

OIMATSU S. *The Way of Seiryoku Zen'yo-Jita Kyoei and Its Instruction*. **Bulletin of the Association for the Scientific Studies on Judo**. Kodokan, Report VI, Tokyo, p. 3-8, 1984.

RUBIO, K. **Medalhistas olímpicos brasileiros**. São Paulo: Casa do Psicólogo, 2006.

FELICE, O. S. *Luta olímpica*. **Esporte e jornalismo**. In: Tambucci, P. L. et al. (org.). São Paulo: CEPEUSP, 1997.

SUGAI, V.L. **O caminho do guerreiro**. São Paulo: Editora Gente, Volume I, 2000.

SVINTH, J. R. *Judo, the Olympics, and Television*. **Journal of Combative Sport**, feb. 2001. Disponível em http://ejmas.com/jcs/jcsframe.htm, acesso em 12 de fevereiro de 2007.

WATSON, B. **The father of judo, a biography of Jigoro Kano**. Kodansha, 2000.

YAMASHIRO, J. **Japão: Passado e Presente**. São Paulo,:Ibrasa, 1977.

YOFFIE, D.B., KWAK, M. **Estratégias de judô**: transformando a força de seus concorrentes em vantagens para você. São Paulo: Negócio Editora, 2002.

IMPLICAÇÕES IDEOLÓGICAS E GEOPOLÍTICAS DO FENÔMENO ESPORTIVO NA CONTEMPORANEIDADE

FLÁVIO DE ALMEIDA ANDRADE LICO - DANILO LUIS RODRIGUES LEMOS

O ano de 2007 terá o Rio de Janeiro como palco da maior competição esportiva das Américas. São os Jogos Pan Americanos, evento de proporções respeitáveis que atrai grande atenção da comunidade esportiva e não esportiva na América e no Mundo.

Mas os Jogos Pan Americanos são no Rio de Janeiro ou do Rio de Janeiro? No Brasil ou do Brasil? Existe na pequena alteração das preposições uma grande diferença que em algumas análises pode não ser notada. Em uma das situações é feita a referência ao local geográfico onde o evento será realizado, enquanto na outra há uma referência de posse. A segunda situação é comumente utilizada em peças publicitárias do evento Pan-americano, peças essas que de certa forma constroem a idéia de posse e "entregam" os Jogos à sua cidade sede.

A partir desse exemplo onde simples alterações gramaticais são capazes de modificar significativamente o sentido e a essência das frases e expressões, iniciaremos nossa reflexão acerca da geopolítica e da ideologia relacionadas ao esporte.

Sobre a ideologia

O esporte contemporâneo é permeado por questões relacionadas com a ideologia e a característica internacionalista da atividade garante outras várias aproximações com a geopolítica.

Apesar de largamente utilizada no dia a dia, a palavra ideologia nem sempre possui o mesmo significado em suas utilizações, daí a necessidade se fazer uma breve explanação sobre o tema, diferenciando ideologia de ideário, para não incorrermos em erro. De acordo com Chauí (2000), ideário é um conjunto sistemático e encadeado de idéias, enquanto ideologia é um ideário histórico, social e político que oculta a realidade.

Outra maneira de se definir ideologia é como a transposição involuntária de relações sociais para o plano das idéias. De maneira mais completa Chauí (2000) aponta que:

"...*os homens produzem idéias ou representações pelas quais procuram explicar e compreender sua própria vida individual, social, suas relações com a natureza e com o sobrenatural. Essas idéias, no entanto, tenderão a esconder dos homens o modo real como suas relações sociais foram produzidas e a origem das formas sociais de exploração econômica e de dominação política. Esse ocultamento da realidade chama-se ideologia.*"

Em sua conceituação de ideologia, Mannhein (1986) define inicialmente dois tipos de ideologia, denominadas de particular e total.

Por ideologia particular, entende-se o ceticismo em aceitar as idéias de quem fala. Tais idéias são encaradas como disfarce da real natureza de uma situação, considerando sua consciência ou ausência pelo interlocutor. Inclui desde a mentira consciente até o disfarce dissimulado.

Já a ideologia total representa a ideologia de uma época ou de um grupo histórico social concreto. Nesta situação o que marca são as características e a composição da estrutura total da mente desta época ou grupo.

Em comum, essas duas conceituações do autor compartilham o fato de as idéias e as informações não serem tomadas por seu valor aparente, mas interpretadas pelas experiências e influências de quem as expressa.

A grande diferença entre as duas está no fato da ideologia particular ocorrer por interesses próprios, enquanto a total utiliza uma análise mais formal, confinando-se a mentes que operam em contextos sociais diferentes.

Considerando o esporte como elemento social relevante, que constrói e é construído pelo contexto no qual se insere, notamos a característica trans-ideológica proposta por Hoberman (1984). Essa característica permite que a atividade esportiva carregue consigo ideologias particulares e totais, que atue em diferentes linhas e correntes, muitas vezes opostas. Isso ocorre, pois o esporte em si não contém, necessariamente, nenhum comprometimento ideológico, sendo, a rigor, apenas um meio pelo qual dirigentes, estadistas e atletas transmitem valores e reafirmam posições.

O termo ideologia surgiu no início do século XIX, a partir da concepção de estudiosos franceses que buscavam construir uma ciência baseada nas idéias. Suas intenções baseavam-se na formação das idéias a partir da observação das relações entre o corpo humano e o meio ambiente, e queriam também que as idéias fossem explicadas empiricamente, como nas ciências experimentais.

Tais pensadores eram contra o ensino metafísico que assegurava entre outras coisas o poder político do monarca e apoiavam Napoleão, pois viam nele um liberal continuador das idéias da revolução de 1789.

Ao tomar o poder Napoleão se contrapôs a eles acusando-os de "ideólogos", dando um sentido pejorativo que invertia a imagem que esses estudiosos tinham de si mesmos, e os denominou metafísicos. É interessante observar que esse movimento de atrair as demais classes sociais e depois mostrar a real dominação são passagens obrigatórias quando se busca mudança na ideologia. Assim, o que seria uma ciência para buscar a compreensão sobre o real passou a ser um sistema de idéias condenadas a desconhecer sua relação real com o real, e o termo ideologia ganhou então uma nova conceituação. (Chauí, 2000; Manhhein, 1986; Gorender, 1989).

Já a teoria engel-marxista de ideologia, apontada por muitos estudiosos como um marco no desenvolvimento do tema, baseia-se nas relações de produção. De acordo com Marx e Engels (1989) a ideologia é um fenômeno que tem suas bases de sustentação na luta de classes. Sua origem é a existência da divisão da sociedade em classes contraditórias e em luta.

O conceito de classes, para esses autores, tem seu início no momento após o homem deixar de ser nômade e se fixar em um local determinado, escolhido por diversas razões, passando com isso, a cultivar não apenas sua lavoura e animais, mas também a idéia de posse. Com o excedente do cultivo agropecuário o ser humano passou a fazer troca de mercadorias, atribuindo a elas um determinado valor, valor esse referente ao trabalho que ele despendeu para produzi-las (o dinheiro, por exemplo, nada mais é que uma mercadoria unicamente com valor de troca, um valor de troca comum). Posteriormente, alguns homens passaram a oferecer as ferramentas para que outros produzissem mercadorias a seu mando e em troca ganhavam o pagamento por esse trabalho. No entanto, o valor final daquilo que foi produzido não era pago na sua totalidade a quem produziu, gerando aquilo que foi denominado por Marx e Engels de mais-valia do proprietário das ferramentas, ou seja, o trabalho não pago. Desse modo, surgiu a relação entre o proprietário dos meios de produção e o trabalhador por ele explorado.

Outra forma de trabalho, inicialmente realizado por aqueles que não necessitavam do trabalho manual para a sobrevivência ou que possuíam escravos/servos a seu serviço, é denominada de intelectual. Atualmente ela é mais usual e praticada, a ponto de empresas e entidades terem uma área determinada para planejamento estratégico ou desenvolvimento de produtos/serviços, e isso se dá em diversos setores da sociedade, inclusive no meio esportivo.

A partir dessas duas formas de trabalho, tem-se uma hierarquização dos afazeres, sempre no campo das idéias e baseado nas situações de produção, implicando, desde então, em uma superioridade do trabalho intelectual sobre o manual. Daí o domínio do trabalhador intelectual sobre o braçal.

Segundo Chauí (2000), tal separação fornece ao primeiro, uma aparente autonomia face ao segundo e esta aparece como sendo dos pensadores (produtores de idéias). Esse conjunto de idéias pertence à classe dominante e assim, a autonomia é produzida quando ocorre uma separação entre quem domina e quais idéias dominam, de maneira que as mesmas apareçam como sendo elas que reprimem a todos e não que exista um predomínio de pessoas sobre pessoas.

Talvez por essa razão o esporte (atividade ou trabalho em sua maioria manual/corporal) seja visto e tratado em diversas situações como um veículo alienado a serviço de corporações, do capital ou de ideologias.

É importante ressaltar que luta de classes não diz respeito apenas a confrontos armados, mas a todo o conjunto de procedimentos usados pela classe dominante para manter a preponderância sobre as demais classes sociais. A ideologia é um instrumento de dominação de classe e seu papel é impedir sua percepção em sua realidade concreta, para que os explorados não se sintam no direito de revoltar-se. Sendo assim, ela deve transformar as idéias das classes dominantes em idéias universais.

Tais idéias, sendo de uma classe e de toda população são, pois, abstratas, uma vez que elas parecem servir a todos, mas são apenas da classe hierarquicamente superior. Assim a ideologia constrói uma rede imaginária de idéias e valores que possui base real, a divisão social, mas de tal modo que a base seja reconstruída de modo invertido e imaginário, ou seja, os conceitos parecem servir, mas não servem para toda população, apenas para a classe dominante. Assim, ideologia é também uma ilusão necessária à dominação.

Conforme citam Marx & Engels (1989), as idéias da classe dominante são, em cada época, as idéias dominantes, uma vez que a hegemonia conquistada também se expande para o campo das idéias e de sua produção. Trazendo para o campo esportivo, e tomando como exemplo apenas as duas maiores instituições da área em âmbito internacional, FIFA e Comitê Olímpico Internacional, nota-se a importância dessas duas entidades para o cenário mundial. Mais do que isso, sob a influência do modo de produção capitalista, não é inviável aceitar as várias acusações feitas por Jennings (1992; 2006) a diversos atores sociais das referidas entidades. Segundo o autor, pessoas de cargos executivos de alto escalão tanto na FIFA quanto no COI utilizam-se de sua influência no âmbito esportivo para obter vantagens pessoais, seja aumentando o próprio patrimônio, favorecendo empresas, ou para alcançar cargos ainda mais altos nas respectivas entidades.

É interessante notar a força das palavras de Marx e Engels pelo olhar esportivo com o passar dos anos. O esporte moderno tal como existe hoje é uma criação inglesa e que data do final do século XIX (Rubio, 2006; Bracht, 1997; González, 1993; Brohm, 1993; Mandell, 1986). Criado por aristocratas e para aristocratas, o esporte carregava as idéias da classe dominante, ou seja, entre outras coisas, era permitido apenas para amadores, termo que significava, neste momento, pessoas que não exerciam qualquer atividade remunerada. Com o passar dos anos, e devido à sua fácil assimilação, o esporte passou a ser praticado também por pessoas da classe trabalhadora e com alto nível de habilidade o que os levou a ganhar destaque nas competições. O reflexo dessa situação, observado ao menos no bloco ocidental naquele momento, e a influência da idéia de liberdade que vinculava o sucesso ao desempenho pessoal, também o esporte mudou sua forma de lidar com os, até então, não-amadores. Ligas diferentes foram criadas, e mudou-se o conceito de amadorismo, passando agora a designar as pessoas que não recebiam remuneração apenas em função da prática esportiva, mas o recebiam em função de outras atividades. Por último, passou-se a aceitar os denominados profissionais, que são aqueles que são pagos em função da prática esportiva.

Tais mudanças, entretanto, não foram feitas devido ao pedido dos excluídos esportivos. Na ideologia vigente, o objetivo era manter o prestígio e o status para se utilizar dessa posição para atingir outros objetivos e manter-se dominante, e a prática variada entre as classes aumentava o mercado consumidor, melhorava esteticamente a qualidade das partidas e passava a idéia de igualdade entre os indivíduos, afirmando assim, a idéia de aparência descrita abaixo.

Uma ideologia sempre possui uma base real, mas essa base está invertida, é a aparência social. Aparentemente tanto o trabalhador quanto o proprietário das condições de trabalho são iguais. Entretanto, enquanto não se entender que o salário não é propriedade do trabalhador, mas o trabalho não pago pelo capitalista, não se ultrapassará a aparência. Desse modo a idéia de igualdade parecerá sempre verdadeira.

Para a produção de uma ideologia Chauí (2000) lista três momentos: primeiro um conjunto sistemático de idéias para que uma classe apareça como representante dos interesses de toda a sociedade. Depois é preciso que as idéias se popularizem, se consolidem e sejam conscientizadas por todos os membros não-dominantes da sociedade e que são contrários à dominação existente. Vale ressaltar aqui a importância que se credita a esses novos valores na crença de que eles formarão uma sociedade melhor. Por último, com essas idéias interiorizadas, a classe emergente assume o poder e passa a defender exclusivamente os seus direitos e negar a possibilidade de realização dos interesses de toda a sociedade, e os dominados aceitam essa situação, pois a tarefa da ideologia é a de separar indivíduos dominantes de idéias dominantes.

De acordo com a autora, o fenômeno de conservação das idéias e valores dominantes, mesmo quando se percebe a exploração, é o que Gramsci denomina de hegemonia. Segundo esse conceito, mesmo quando os dominados lutam contra essa dominação, eles próprios mantêm os ideais da classe que detêm o poder.

A relação entre atletas e instituições reguladoras (federações e confederações) é um modelo exemplar dessa condição. Casos como o das federações de basquete, tênis, judô e hipismo em que atletas se mostram publicamente descontentes com a administração e em alguns casos criam ligas ou entidades paralelas. Essa atitude demonstra que a solução por eles buscada não vai contra o sistema de dominação das entidades que têm de se subordinar a uma entidade continental, e posteriormente mundial, mas que o que se busca é apenas a mudança de uma peça que manterá a engrenagem funcionando da mesma maneira, ou seja, servindo aos interesses dos dominantes.

Marx e Engels (1989), indicam que as idéias universais da ideologia não são uma invenção arbitrária ou diabólica, mas a conservação de uma universalidade que já foi real, mas que agora é ilusória.

Compartilhando dessas idéias, Garcia (1985) caracteriza os modos como as informações transmitidas são carregadas de ideologia. Segundo o autor, alguns artifícios são empregados nesse processo. De um lado tem-se a *emissão*, que é a preparação, pelo grupo que pretende difundir essas idéias, de como elas serão divulgadas; e a *elaboração* para que as idéias pareçam corresponder aos interesses; e do outro a *codificação*, que consiste em reorganizar essas idéias em mensagens que atraiam atenção e sejam facilmente compreensíveis; o *controle ideológico*, visando impedir outras formas de difusão de idéias; e *difusão*, objetivando atingir mais rapidamente o maior número de pessoas.

A análise do uso do futebol no período da ditadura militar no Brasil pós 1964 é de grande valia, pois faz uso de várias das estratégias de controle, expostas por Garcia (1985), além de se utilizar de uma das essências da ideologia que é ocultar a realidade. Os presidentes da época tinham a seu serviço a Associação Especial de Relações Públicas, responsável pela emissão e elaboração das idéias de progresso, que posteriormente foram aliadas ao futebol, e pela codificação e difusão do "bem" que o militarismo fazia ao país. Tanto no futebol como em vários outros setores, um dos lemas utilizados para sintetizar o desejo dos governantes, que chamava atenção pela sua fácil compreensão, era "Ninguém segura esse País".

Se, como vimos, as idéias da classe dominante são as idéias dominantes, e se a função da ideologia é impedir a percepção concreta por parte dos explorados, o esporte, com sua característica transideológica se mostrava um instrumento ideal para a manipulação por parte dos militares durante seu período de governo político. Some-se a essas particularidades, a popularidade das atividades esportivas e sua capacidade de reunir milhares de pessoas eu um único lugar, facilitando assim a divulgação e difusão dos ideais governistas.

Não por acaso os presidentes tinham sua imagem associada ao futebol e iam aos estádios assistir aos jogos como se fossem apenas mais um espectador dando a idéia de igualdade. De maneira propositada, conforme explica Agostino (2002), a presença de autoridades locais e nacionais era uma constante na inauguração dos estádios de futebol ou poliesportivos. Não bastasse isso, cientes da importância e popularidade que as atividades esportivas, e em particular o futebol, representavam para a população o presidente da república nomeou o presidente do partido governista, a Arena (Aliança Renovadora Nacional), para exercer a presidência da Confederação Brasileira de Desportos (CBD), entidade responsável pela organização do esporte nacional, inclusive a convocação de seleções para Copas do Mundo de Futebol e Jogos Olímpicos. Essa situação era aproveitada pelos políticos para ganhar dividendos políticos, principalmente em períodos eleitorais, utilizando-se das partidas disputadas para divulgar candidatos, bandas militares e faixas (Lever, 1983).

Cabe aqui um pequeno excerto sobre a conceituação feita por Althusser (1985) de aparelhos ideológicos de Estado, que são entidades que reproduzem as relações de produção existentes, de domínio privado, e funcionam pela propagação da ideologia. Segundo o autor, toda formação social, para existir, deve reproduzir seu modo de subsistir, repetindo para tanto as forças produtivas e também as relações de produção. E é nesse contexto de reprodução que entram os aparelhos ideológicos. Assim, entidades como a FIFA e o COI, bem como as ligas paralelas citadas, encaixam-se perfeitamente na descrição do autor, pois reproduzem as relações de produção e propagam a ideologia vigente.

Outra explicação de Marx e Engels (1989) mostra que a ideologia não tem história. Isto significa, entre outras coisas, que se fabrica uma história imaginária na medida em que se atribui o movimento da história a agentes ou sujeitos que não podem realizá-lo. Afinal, apesar de suas longas estadas nas respectivas instituições, apenas um João Havelange não produziu toda a mudança no futebol, bem como um solitário Sylvio de Magalhães Padilha não modificou a estrutura olímpica nacional.

Deste modo, compreende-se porque a história é sempre contada do ponto de vista do vencedor e por isso os dominados são sempre vistos a partir da visão dos vencedores.

Graças a esse mecanismo a ideologia burguesa pode manter sua hegemonia mesmo sobre os vencidos, pois estes interiorizaram a suposição de que não são sujeitos da história, mas apenas seus pacientes.

Geopolítica e esporte

A relevância do esporte no mecanismo da ideologia parece residir no fato de produzir, a cada nova disputa atlética, vencedores e derrotados e de certa forma legitimar as fictícias e imaginárias construções de histórias carregadas de noções de superioridade e supremacia de povos, sistemas políticos e ideológicos, de Estados, ou o que mais esteja potencialmente em jogo para além dos muros dos estádios e ginásios.

Na realidade parece haver muito em jogo para além das linhas demarcadoras do campo esportivo. A relevância do esporte contemporâneo fez com que a atividade fosse cada vez mais carregada de significados complexos, de interesses diversos, de força e de poder diante de fatos essenciais da história da humanidade. De alguma forma o esporte esteve direta ou indiretamente ligado a grandes eventos da história recente, provocando alterações de ordem ou absorvendo os efeitos de seus desdobramentos.

A invasão do Afeganistão por tropas Soviéticas em dezembro de 1979 alterou substancialmente o desenrolar dos Jogos Olímpicos de Moscou, em 1980. Não seria absurdo dizer que as conseqüências tenham chegado aos Jogos Olímpicos de 1984, em Los Angeles e a tantos outros eventos esportivos ocorridos, principalmente, no início dos anos 80.

O pequeno país centro americano de nome Cuba obteve por muitos anos marcas notáveis em quadros comparativos de medalhas em todos os principais eventos esportivos internacionais, freqüentemente superando países com população muito maior que a sua.

A África do Sul esteve por muito tempo de fora de todas as competições esportivas internacionais, inclusive Jogos Olímpicos, em virtude de práticas racistas e de segregação adotadas em seu território.

Esses são apenas três exemplos de situações em que o esporte assimilou ou agiu de maneira a considerar conflitos e condições externas de sua alçada direta, permitindo que houvesse interferência em sua dinâmica em razão de ações relacionadas à geopolítica.

O embate entre Estados Unidos e União Soviética, característico da Guerra Fria, o desproporcional investimento no esporte cubano e o preço pago pela África do Sul pelo *apartheid* mostram, de formas distintas, a estreita relação entre o esporte moderno e a geopolítica internacional.

Não seria estranho considerar normais tais interferências se pensarmos que praticamente todos as esferas da vida moderna são tocadas por essas questões de ordem macro, no entanto, o sistema esportivo sempre procurou um discurso alheio a esses adventos, a fim de reafirmar uma condição neutra e apolítica.

Conforme mencionado em parágrafos anteriores, para tais análises faz-se necessário reconhecer o esporte como um elemento significativo da sociedade atual e como tal um catalisador de processos que nela ocorrem.

O esporte moderno em nível internacional tem sua estrutura preponderantemente baseada nas divisões nacionais, sendo a maioria das competições disputadas entre países o que necessariamente gera significativas tramas em nível geográfico. Uma atividade com tal alcance, destaque e trânsito internacional se torna, naturalmente, uma vitrine representativa das relações entre os países.

Conforme McIntosh (1975) o esporte em nível competitivo trabalha basicamente com representações. As pessoas envolvidas com o esporte não defendem somente seus nomes, mas equipes, clubes, bairros, seleções municipais, estaduais ou nacionais. Podem ser, e geralmente são, patrocinados e carregam logomarcas e dizeres em seus uniformes. A responsabilidade dessa configuração que o esporte tomou não pode ser desconsiderada, pois mesmo que não declarem textualmente, os envolvidos na estrutura de uma dessas equipes de representação partilham, ao menos no momento de disputa, das idéias políticas daquele grupo.

A estranha condição do indivíduo que potencialmente representa posições políticas alheias às suas próprias é mais bem compreendida quando recorremos a Hall (2001), que lança idéias a respeito da identidade cultural na pós-modernidade. O autor salienta a condição instável e móvel da identidade no mundo contemporâneo, os diferentes vínculos e filiações de cada indivíduo e a construção culturalmente fragmentada das identidades. Essas características justificam o trânsito e a volatilidade do indivíduo no mundo atual contribuindo com a compreensão dos deslocamentos aparentes e eventuais contradições sofridas pelos que se expõe. Em linhas gerais, o autor reconhece no indivíduo contemporâneo as características paradoxais e complexas do mundo em que vivemos.

O que tentamos aqui é ampliar a relação para os atletas e para o esporte de maneira geral, reconhecendo também nesses as características efêmeras, voláteis, paradoxais e complexas do mundo atual.

Dessa forma, não é absurdo propor que atletas norte americanos e de nações aliadas aos Estados Unidos tenham estado de fora dos Jogos de Moscou, em 1980, não por serem pessoalmente favoráveis a esse tipo de retaliação, mas simplesmente pelo fato de terem nascido e competirem sob a bandeira de países que acreditaram na eficácia de tal gesto.

A desproporcional força de Cuba em nível internacional pode ser compreendida com a ajuda também de McIntosh (1975). O componente de representação presente no esporte de alto rendimento fez, sobretudo durante o período da Guerra Fria, com que países investissem grandes quantias de dinheiro e tecnologia em esporte, visando a obtenção de destaque em nível internacional. Esse destaque não se encerra no âmbito esportivo, mas transborda para as esferas políticas e geopolíticas. Vencer nos campos, quadras e pistas garante notoriedade e ajuda na construção de um imaginário vencedor associado à nação.

Em Cuba, um pequeno país socialista intimamente relacionado à União Soviética, essa construção do imaginário era aproveitada pelos partidários do socialismo a fim de afirmar uma condição vitoriosa, superior e desejável em relação ao oponente capitalista. Mais do que somente a relação com a URSS, Cuba havia estado sob domínio dos EUA entre 1898 e 1959, desde a vitória dos americanos sobre a Espanha até a revolução que colocou o então desconhecido

Fidel Castro no poder (Faria & Miranda, 2003). Dessa forma é possível estabelecer mais uma razão geopolítica que justifica a forte atuação cubana contra um sistema que o oprimiu diretamente por mais de meio século e de certa forma continuou oprimindo através de embargos e hostilidades diplomáticas por todo o Século XX.

Há uma complexidade latente na história esportiva de Cuba, rica em exemplos e situações que sozinhas seriam dignas de longas análises. O domínio estadunidense que por décadas foi marcado, entre outras coisas, pelo massacre ao orgulho nacional cubano, parece colaborar para uma reviravolta interna que se manifestou solidamente na esfera esportiva. A defesa da bandeira nacional transcendia em muito as linhas demarcatórias do espaço esportivo e a íntima relação com o declarado arquiinimigo dos Estados Unidos parecia a mais acertada estratégia em se tratando de ideologia, política ou esporte.

No caso da África do Sul, a postura racista de um Estado se tornou incompatível com o discurso congregador, cavalheiresco e democrático presente na idéia de olimpismo (Tavares, 2003). Essa incompatibilidade se agravou quando consideramos a dimensão e o destaque do esporte na sociedade atual, pois de forma alguma um elemento de tamanho alcance pode carregar consigo manchas preconceituosas.

Neste ponto, convém estabelecer paralelos entre a questão excludente do racismo e outras exclusões outrora praticadas em nível olímpico. Oriundo da aristocracia, o movimento olímpico negou em seu início a prática feminina e até mesmo a participação de trabalhadores, pois o esporte se configurava prática de tempo livre e quem não dispusesse do ócio não deveria praticá-lo. Também as mulheres foram postas de fora da competição olímpica e sua entrada ocorreu gradativamente ao longo do Século XX.

Percebemos neste momento o paradoxo presente no discurso olímpico congregador, uma vez que a história nos mostra alguns exemplos de exclusão e resistência nos processos inclusivos.

Conforme relata Rubio (2006), desdobramentos a partir da política de segregação racial adotadas pela África do Sul foram motivadores do boicote aos Jogos Olímpicos de 1976, em Montreal. Na ocasião 23 nações africanas deixaram de competir em virtude da presença da Nova Zelândia, país que havia disputado uma partida de Hóquei contra a seleção da África do Sul, na ocasião banida das competições internacionais por motivo de práticas racistas. Oportunas são as menções ao passado, que nos levam a reflexão e nos ajudam a compreender pontos chave da inserção do esporte na sociedade atual, no entanto é conveniente perceber sobre qual esporte falamos hoje em dia. Qual seu papel e quais as suas características marcantes. Não se trata somente do destaque que os eventos possuem na atualidade, mas de todo o seu entorno, de todas as mudanças ocorridas, de todos os que de alguma forma vinculam seus nomes, marcas e produtos ao grande produto chamado esporte. Conforme nos lembra Proni (1998), as competições esportivas atuais são promovidas e organizadas por administradores profissionais, sendo seus custos assumidos por empresas comerciais que carregam responsabilidades e interesses. Nenhum empresário sério e competente teria interesse em vincular seu produto a um evento que, de alguma forma, carregasse idéias de difícil aceitação como o racismo ou qualquer forma de preconceito.

Dessa forma temos o esporte como um elemento apropriado de manifestação de características marcantes do Século XX.

As questões ideológicas presentes na oposição entre socialistas e capitalistas marcaram grande parte do século passado. Ao mesmo tempo o mundo sofreu constantes e abruptas transformações, demonstrando o elemento dinâmico descrito por Sevcenko (2001) como uma das características mais marcantes do Século XX. A presença da guerra como uma das principais formas de manifestação da intolerância em relação ao outro também se fixou como característica essencial do período e o esporte se fez um instrumento adequado de ação em um mundo que vivia um momento peculiar. A guerra simbólica e o uso da vitória esportiva por Estados e blocos ideológicos garantiu à atividade esportiva um crescimento assombroso, mesmo que por poucos louváveis motivos.

A partir das idéias propostas por Bourdieu (1997) e Brohm (1978) observa-se que a notoriedade alcançada pelos Jogos Olímpicos e pelo esporte de maneira geral, associada às facilidades midiáticas do Século XX, fizeram do sistema esportivo uma notável vitrine internacional a serviço das grandes corporações interessadas em vender seus produtos ou das grandes potências mundiais, tentando reafirmar sua hegemonia político-ideológica.

Esse fantástico instrumento chamado esporte, que tão adequadamente se insere na sociedade contemporânea, mostra-se maleável o suficiente para adequar-se a diferentes posicionamentos ideológicos, da mesma maneira que se relaciona intimamente com os meandros políticos e geopolíticos de uma sociedade repleta de contradições.

Considerações finais

A percepção da riqueza presente nas relações que compreendem o esporte e a superação de estigmas de neutralidade e alienação se tornam cada vez mais importantes para uma prática coerente e alocada à realidade que se apresenta. Não apenas o profissional de Educação Física, mas todos os que de alguma forma têm o esporte como objeto direto ou indireto de estudo ou prática tendem a ampliar horizontes e melhorar sua produção quando passam a compreender os alcances desse objeto.

Sobretudo os aspectos relacionados à questão ética podem avançar a partir dessa visão comprometida, uma vez que desde o nível mais elementar de prática o esporte carrega valores e interfere na rede social de quem o pratica ou de alguma forma se relaciona com ele.

Em tempos de esporte profissionalizado, político e carregado de vínculos ideológicos e mercadológicos não há mais espaço para discursos apolíticos e não comprometidos como os proferidos pelas principais entidades organizadoras do esporte em alto nível (Rubio, 2006; Guttmann, 1978). A compreensão do sistema esportivo e de sua relação com a sociedade se torna elemento imprescindível para qualquer análise nesse campo. Todos, desde o jornalista esportivo ao técnico de categorias de base, deveriam considerar em suas práticas tais elementos, a fim de evitar leviandades justificáveis apenas por ignorância ou má intenção.

Referências Bibliográficas

AGOSTINO, G. **Vencer ou morrer – futebol, geopolítica e identidade nacional**. Rio de Janeiro, FAPERJ/Mauad, 2002.

ALTHUSSER, L. **Aparelhos ideológicos de Estado**. Edições Graal. Rio de Janeiro. 1985.

BOURDIEU, P. **Sobre a televisão**. Rio de Janeiro; Jorge Zahar, 1997.

BRACHT, V. **Sociologia crítica do esporte: uma introdução**. Vitória: UFES, Centro de Educação Física e Desportos, 1997.

BROHM, J.M. El Nacimiento del Deporte Capitalista. In: **Materiales de Sociologia del Deporte**. Madrid: Las ediciones de La Piqueta, 1993.

BROHM, J.M. **Deporte, cultura y represión**. Barcelona; Editorial Gustavo Gil, 1978.

CHAUÍ, M. S. **O que é ideologia**. Brasiliense. São Paulo. 2006.

FARIA, R. M. & MIRANDA, M.L. **Da guerra fria à nova ordem mundial**. São Paulo; Contexto, 2003

GARCIA, N.J. **O que é propaganda ideológica**. Abril Cultural/ Brasiliense. São Paulo.1985.

GONZÁLEZ, J.I.B. Introducción. In: **Materiales de Sociologia del Deporte**. Madrid: Las ediciones de La Piqueta, 1993.

GORENDER, J. Introdução – O Nascimento do materialismo histórico. In: MARX, K. & ENGELS, F. **A ideologia alemã**. Martins Fontes. São Paulo. 1989.

GUTTMANN, A. **From ritual to Record**: the nature of modern sports. New York; Columbia University Press, 1978

HALL, S. **A identidade cultural na pós-modernidade**. Rio de Janeiro; DP&A, 2001

HOBERMAN, J. M. **Sport and political ideology**. Austin; University of Texas Press, 1984

JENNINGS, A & SIMSON, V. **Os Senhores dos Anéis**. Editora Best Seller. São Paulo. 1992.

JENNINGS, A. **Carton Rouge.** Presses de la Cité. Paris, 2006.

KONDER, L. **O que é dialética**. Brasiliense. São Paulo. 1993.

LEVER, J. **A loucura do futebol**. Rio de Janeiro, Record, 1983.

MANDELL, R. D. **Historia cultural del deporte**. Barcelona: Ediciones Bellaterra, 1986.

MANNHEIM, K. **Ideologia e Utopia**. Editora Guanabara. Rio de Janeiro.1986.

MARX, K. & ENGELS, F. **A ideologia alemã**. Martins Fontes. São Paulo. 1989.

McINTOSH, P. C. **O Desporto na sociedade**. Lisboa; Prelo, 1975

PRONI, M. W. **Esporte-espetáculo e futebol-empresa**. 1998. (Doutorado em Educação Física), Faculdade de Educação Física, Universidade de Campinas, Campinas.

RUBIO, K. **Medalhistas olímpicos brasileiros:** memórias, histórias e imaginário. São Paulo; Casa do Psicólogo, 2006.

SEVCENKO, N. **A Corrida para o Século XXI: No Loop da Montanha Russa**. São Paulo; Companhia das Letras, 2001

TAVARES, O. G. **Esporte, movimento olímpico e democracia:** O Atleta como Mediador. 2003 (Doutorado em Educação Física), Universidade Gama Filho, Rio de Janeiro.

Edições Loyola

impressão acabamento
rua 1822 nº 347
04216-000 são paulo sp
T 55 11 6914 1922
F 55 11 6163 4275
www.loyola.com.br